逆袭

职场人的高效成长法则

凌云◎著

中国法制出版社
CHINA LEGAL PUBLISHING HOUSE

目 录

第一部分 做事的技巧

第二部分 为人的艺术

第三部分 成就更好的自己

第一部分

做事的技巧

第一章　目标：为每天设定行动主题

你是不是这样：每天都很忙，永远都有做不完的事情，东一榔头，西一棒槌，忙碌了半天，做出来的工作却没有什么效果？忙忙碌碌，而升职加薪却遥遥无期。夜深人静时，难免会自我怀疑：我到底在忙什么呢？

其实，多么忙并不重要，重要的是你在忙什么，你是不是忙到了点子上。一味地去做事，不代表你能够成事，要想成功就必须明确目标，然后才能有针对性地去行动。就像砍柴一样，你要照着纹路砍下去才能事半功倍，不然费了很大力气也砍不出多少柴。

目标管理是一种高效的现代管理方法，以目标为导向，以人为中心，以成果为标准，如果运用得好，会让自己的工作事半功倍、效果卓然。

然而，这只是理想状态。在现实生活中，我们很多人都学习过目标管理的技巧，却还是没有办法实现自己的目标，这是因为我们学习得不到位，还是目标管理只是一套“看上去很美”的方法？

◑ 为什么我们难以成为理想的自己

你想在生活中做出哪些改变？它可以是一些大事，比如继续深造、跳槽或者转行；也可以是一些小事，比如换个新发型或者给卧室的墙壁换换颜色。

- 你有这种想法多久了？
- 是不是到现在已经有几个月或者几年时间了？
- 你是不是每天早上起床都对自己说“今天我要做出改变”？结果怎么样？
- 你能否想到自己曾在某个特定时刻，决定改变生活中的某件事，并在冲动之下采取行动，最终取得了满意的成果？

以上几个问题对应着我们向生活中引入改变时面临的三个难点。

第一，我们不肯承认自己需要改变。这不仅是因为我们没有意识到有必要马上做出改变，更可能是我们意识到了，却还为自己找各种借口，否认自己需要马上改变。

第二，我们不重视自身惯性的力量。即使有机会，我们也更倾向于什么都不做，所以，对于“你有这种想法多久了”这个问题，我相信很多人的答案应该是几年，而不是几天。

惯性是我们不能做出改变的原因之一，它让我们待在舒适区，极力阻挠我们采取行动（因为在舒适区我们感受不到痛苦，反而会感到很熟悉，或者非常快乐），去做某些从长远来看非常有益，却不容易做到的事。

第三，我们不知道怎样去改变。例如，我们或许有减肥的动机，但是缺乏对营养学的认识和必要的烹饪能力，因此无法设计有效的减肥计划，并把它坚持下去。或者反过来，我们有认识和能力，却缺乏动机，这同样无法完成改变这一任务。

开始改变行为习惯很难，坚持改变更难，最难的是把积极的改变固化为习惯。

◑ 我们憧憬的“总有一天”会到来吗

身边很多正值大好年华的朋友，每次听别人谈到好玩的事情或者是好玩的地方，在表达艳羡之余，总是喜欢说：“总有一天，我要去学/一定去看看。”

“总有一天”仿佛具有魔法一样，说的人踌躇满志，听的人内心澎湃，仿佛说了，就一定能够实现。类似的“总有一天”，我们太熟悉了，也听过太多了。

- “总有一天，当我的生活找到平衡点时，我就能够保持健康了。”

- “总有一天，当我减掉20斤时，我就能够实现梦想了。”
- “总有一天，当我的孩子长大时，我就能够重新开始我自己的生活了。”
- “总有一天，当经济情况变好时，我就能够成功了。”

这种“总有一天”其实是一种拖延陷阱，使你产生一种自己还没有准备好以及成功还需要依赖某些外部因素的错觉。为了跳出这种陷阱，你需要转变思维，从“为什么我现在不能”转变到“我现在怎么才能”。

在现实中，你首先必须对自己想要什么有一个清晰的认知，并坚信自己真的可以实现它，这会迫使你的大脑为了实现它而寻找方法、创造条件。否则，你就永远实现不了它。为了真正实现它，你必须收集信息、学习新知识或者寻求指导。

很多人只要说到自己明天要好好读书，就仿佛自己今天已经提前读完了该读的书；只要说到自己明天要好好锻炼，就仿佛今天已经在健身房挥汗如雨，瘦了一圈。

任何时刻：你只是想，不去做，永远都只是空谈。你只是下决心，不去开始，也只是自己欺骗自己。你只是不断规划，不真正去行动，你就永远不会变好。

相比于一个准备做的人，我们更愿意相信一个已经在做的人更优秀，也更能管住自己。

请相信，你全部的拖延理由，都是借口。“等有空了”“等不忙了”“等抽得出时间了”，这些所谓的“等”才是你实现目标路上最大的拦路虎。

要相信，你现在不愿意做的事情，以后也不会去做的，因为你总是会为自己找到各种各样的借口。真正想做的事情，请你现在就行动，不要等待。

◑ 没有人能让我们改变，除非我们自己愿意

改变总是发自内心的，谁也无法诱使或强迫他人改变。一个并非真心实意想要改变的人，永远都不会改变。

我们总听到身边的人说想要改变，但只是嘴上说说，并非发自内心。很多人信誓旦旦地说他们想要改变，真正接触下来，你就会发现他们说的不是真心话。

是什么让积极、持久的行为习惯改变如此困难，导致我们大多数人都半途而废？答案就是：我们的生活里充满了可能吸引或迫使我们偏离轨道的诸多因素。

误区 1：今天是个特殊的日子

当我们想为错误的行为找借口时，每一天都可以被认定为“特殊的日子”。我们让步于冲动和一时兴起，因为今天有世界杯比赛，或者今天是我的生日，或者今天是我们的相识纪念日，甚至今天是立秋需要“秋天的第一杯奶茶”。明天再让一切回归正

常，到时候我会真正开始减肥，成为那个自律的我。

如果我们真的想要改变，就必须接受这种现实：不能当每次日历给我们提供一个更有诱惑力的替代选择时，我们就放飞自我，放弃正确的选择。

把时间的流逝归咎于外部事件的打扰，会诱使我们愈加放纵自己的反复无常和拖延，这对改变行为习惯来说是致命打击。

真正的改变不会在一夜间实现。这是一场持久战，不是闪电战。

误区2：我的努力会得到回报

从孩提时起，我们可能就被灌输这样的理念——上天是公平的，我们的卓绝努力必将得到回报。当我们没有得到及时相应的回报时，就会有一种上当受骗的感觉。

我们所做的一切并不都是为了追求回报。实际上，很多能够改变自我的人之所以追求改变，是因为他们发自内心地相信这是正确的选择。这帮助他们成为更优秀的领导、朋友和家人，他们可以改善身边人的生活，还能够按照自己的价值观生活。

比如，你戒烟不是为了做给别人看，获得别人的肯定和赞美，而是因为戒烟本身就是一种有效的回馈，可以让你的身体更加健康。

如果一个人追求改变只是为了得到外界回报，比如升职或者加薪，而事实上，他不一定能得到自己想要的东西。如果这种回报是这个人唯一的动机，他迟早会重走老路。

变成更好的人，这本身就是一种回报。如果我们能认识到这一点，就永远不会有上当受骗的感觉。

误区3：如果我改变自己，就不真实了

我们或许还会有一种错误思维，认为我们现在的行为习惯不但定义了我们自身的特点，还代表了永远真实的自己。如果我们加以改变，在某种程度上就不再是真正的自己了。这种思维让我们越来越顽固，拒绝调整自身行为去适应新环境，因为“那不是我”。

例如，我遇到过这样的主管，他们自我评价说：“我不擅长表扬人，如果我那样做了，就不是我了。”

我们不仅能够改变行为习惯，还能改变我们定义自己的方式。如果你把自己放进一个标有“那不是我”的箱子里，那么就别想再轻易爬出来了。

◑ 待在舒适区里的你，正在逐渐走向平庸

想一想，成年之后，最令你印象深刻的行为习惯改变是什么？

人们会嘲笑一家从不改变菜单的餐厅，嘲笑它只提供固定的菜式和环境，但并不会这样责备或嘲笑自己。我们长期以来固守某些行为习惯，却没有意识到这些习惯带来的危害，只有这种危

害无法忽略时，或这些行为习惯取得适得其反的效果时，我们才会反思自己的行为，才会因此警醒、后悔。

为什么我们这么多年都没和亲人多聊几句？为什么我们要对最要好的朋友如此残忍？因为不愿和不熟的人交流，我们错过了怎样的交际圈？

人的本能让自己更倾向于待在舒适区里。比起发掘自己的潜能可能遭遇的痛苦，人们更倾向于选择安享舒适，这是人之常情。

待在舒适区里可能会让人感觉舒服，但这样会导致平庸。如果我们对自己的规划低于我们原本所能达到的水平，那我们的能量、潜力可能就会一直沉睡，没有机会被唤醒和展示，连我们自己都不知道自己到底能做什么、能做到什么程度。

最令人悲哀的莫过于“我本来能够做到的”。如果你一直安于现状，然后纳闷你的生活为何不是你所希望的那样，那么你要认识到，只有拿出勇气逼自己走出舒适区，并且摆脱平庸的思维定式，你才能发挥自己的潜能。你必须放弃借口，将那些让你感觉熟悉和安全的东西甩在身后，才能勇往直前。

现在轮到你行动了。思考一次改变、一个诱因、一件你做了以后不会后悔的事。做这件事的唯一标准就是：你以后不会为自己的这种做法而后悔。或许你会感谢一位客户的忠诚；或许你会改掉在开会时对他人冷嘲热讽的毛病。改变可以是任何事，只要改变你过去一贯的不好的做法，不论是多么微小的转变，都是一种收获。

马上放手去做吧。

◑ 别想“一口吃成胖子”

我们在追寻目标的过程中，会不知不觉追求“完美数量”，可能每个人都设定过类似的目标：比如6个月内减掉10公斤体重，1年内读完5本书，每年攒下10万元，等等。

这些目标并非无法完成，它们之所以被视作“完美数量”，是因为这种目标似乎暗示了取得的进步不如预期就是不够好的。对数量追求完美，指的是那种只要数量达不到预期就无法心满意足的状态，而背后的主要原因就是在意数量的完美。比如，我曾经是个完美主义者，认为每次运动必须保证至少1小时才算有效，如果时间不够，那运动效果就不够理想。

你可曾听过有人吹嘘自己能做3个俯卧撑？为什么没有人说自己今天运动了10分钟？又有哪些流行的健身计划会承诺将你的身体健康状况从差提升到中等偏下？

我们总是把部分成功定义成失败，如果成功不够完美，我们就会感到尴尬，甚至还会觉得丢脸。这种想法不仅不现实，而且会对我们的进步和幸福感造成阻碍。完美主义者无法接受微小的价值或进步；他们只看重符合目标的、完美的成功，只想一步到位、“一口吃成胖子”。

对宏大成就的追求是做出真正改变的最大障碍，因为如果你根本意识不到问题的存在，又怎么可能想办法去解决？我们默认，想减肥就要设定5公斤、10公斤甚至20公斤的目标。一旦实现目标的计划落空，我们就会因羞愧等情绪而恢复老样子。

我们的行为模式——习惯是在潜意识里养成的。美国杜克大学的一项研究结果显示，习惯的行为模式占据了我们人生中40%以上的部分。有些习惯显而易见：健身、每天早餐吃苹果、紧张时摸脸；有些习惯，如惯性思维，则不像外在行为一样明显。

完美主义就是这样一种“不可见”的习惯，它是一整套认为“做到完美才算合格”的思维方式。你可以看到这种思维的问题所在：完美怎么能和合格画上等号呢？如果在你眼中，凡事都要做到完美才算合格，那你的人生就很难变得美好了。

◐ 承认吧，你的完美主义就是借口

完美主义是一个很好的借口，只要建立了完美的标准，目标实现与否似乎就变得不再重要。你还可以用这些标准来应对内心深处的恐惧和迟疑。

如果我觉得自己不擅长写作，我的完美主义就可以帮我在这方面树立一个高不可攀的标准，从而让自己彻底打消尝试写作的想法——比方说，我的完美目标是初稿就能吸引众多眼球，给人启迪，但实际上，这样的目标只会导致我完全不想动笔，一个字也不愿意写！

对大多数人来说，比起受到赞美，他们更希望能避免难堪。完美主义就像一副盾牌，我们无论走到哪里都举着它，希望能保护自己免受伤害。事实上，它的唯一作用就是让别人看不到我们。如果没人能看到你，你就再也不会感到尴尬了。但是，有谁愿意一辈子都无法被人看到呢？

对强大的渴望和对无能的担心都会让人感到压力巨大，而完美主义似乎是解决这两个问题的唯一办法。你可以在假想自己强大的同时保护自己不陷入任何难堪境地。

在这种情况下，毫无作为似乎更能证明你的巨大潜力。“我没有做到，只是因为我还没有开始。”然而事实上，毫无作为只会埋没你的潜力，让你永远没有机会知道自己可以到达什么样的高度。

如果说完美主义是一座冰山，海面上露出的那个尖儿就是对完美的渴望，而海面下那占据了冰山90%体积的主体则是对失败的恐惧。虽然我们不愿将后者示人，但它确实在左右我们的行为。

有些东西，我们越想得到，就越害怕得不到，所以我们会以完美主义为借口不去行动。比如说，你一直期待领导给你加薪，但是你不敢去说，为什么呢？因为一旦被拒绝，你不仅需要面对“不加薪”的结果，而且要面对“因为自己不够优秀，表现不那么令人满意，所以无法加薪”的事实，这会给你的信心和自尊带来沉重的打击。

如果你一直不去找领导说，就不用面对这样的打击。令我们害怕的是失败对我们自身的影响，我们害怕失败会暴露我们的缺点，打破我们易碎的希望和梦想。这些才是我们真正害怕的东西！

完美主义能保护我们免遭这种失败。如果你永远不做尝试，你就永远无法证明在某些方面你“不行”。完美主义带来的神秘感让你可以永远活在完美的幻想中，不用接受考验，也不用被拒绝。

然而，完美主义带来的只是假象和幻想。

邵邵性格比较安静，不太习惯在大家面前发言。每次主管让她发言，她开口的第一句话总是“我口才不好”，然后一直红着脸。其实她的发言很有见地，思路也很清晰，虽然话不多，但总能够一针见血地指出问题关键。

蜜蜜就完全是另一种性格，尽管她的普通话不是很标准，但她每次都能很勇敢、很大声地把自己的观点表达出来，她表现出的自信和自在的气场使大家根本不会在意她的普通话是否标准，她爽朗的笑容总是能够感染到大家。

我们根本不需要因为自己的一点点瑕疵就产生不安全感，没人规定我们必须完美，我们也不必时时刻刻在意自己的不足。

你越不自信，就越会对自己苛刻。每个错误都会被无限放大，成为你对自己消极认识的又一佐证，每次过失都会成为一场灾难。

你对自己的缺陷高度敏感，就会一直小心翼翼，认为这样就能避免犯错。

这或许能给你一些虚假的安全感，但是，要想获得真正的安全感，你需要了解并接受真正的自己。如果你能接受自己，包括自己的缺点，即便遭遇最为严厉的批评，你也有力量捍卫自己。否则，你暴露给外界的只有一个“壳”，真实的你永远只能畏缩、无助地躲在里面。

◑ 你一直在跟风，怎么可能实现目标呢

很多时候我们都在忙忙碌碌中寻找目标。中学时的目标是上个好大学，上大学后的目标是读个硕士或博士，再去找个好工作……然后下一个目标是什么？

如果突然被问到，“你的目标是什么”，很多人可能都会一脸茫然地回答“我不知道”。

每个人，每个阶段，所对应的目标都是不一样的。

当你为了目标做一些事情的时候，我希望你记得一个原则：不要和别人的今天比，只要和昨天的自己比。今天的自己是不是比昨天的自己好一点？如果是，这就足够了，如果没有，那就让明天的自己比今天的自己好一点。

- 你现在想做什么，你喜欢做什么事？

● 你为什么要做这些事，是什么驱动了你？

每个人都希望过上幸福、有意义的生活。但正因为有时候你设立的目标太大，才无法完成，这时你要将它拆分成足够小的、可执行的目标或具体的任务，而这些小目标或小任务又可以让你稍微离开自己的舒适区，走出舒适区的那一刻，就是你成长的一刻，不要轻易退回来。

有些人的目标太散，穿不成线，有些人的目标过于空洞，没有具体的内容作支撑。我希望你能思考如何设立一个合适的目标，并将其细化，然后为达成目标而行动，这个思考和行动，就是逐步达成目标的过程。

华华是我的一个朋友，在一家金融机构做文员。大概是在某年元旦的时候，我们一起吃饭，聊到了新一年的计划。

华华说："我今年的目标是研究一点我专业之外的东西，比如心理学。"

"哦，为什么呢？你什么时候开始对心理学感兴趣了呢？"我好奇地说。

"你不觉得心理学现在很火吗？"华华说。

"心理学现在是很火，但是你确定这是你的目标？"我问道，毕竟华华平时很少关注其他领域。

"如果我不研究的话，那怎么和别人有共同话题，怎么跟上时代的步伐呢？”

“好的，那你打算怎么开始呢？你的研究目标是什么呢，怎样才算是达成了你的目标呢？”我追问道。

“哦，我还没有想这么多。”

看到了吗，这就是典型的“假目标”。这个目标并不是结合自己的实际情况制定的，心理学和华华现在的生活、未来的工作关联度并不大，也不是发自内心的兴趣和热爱，既没有内在驱动力，也没有外在的客观要求，纯粹是受到别人的影响，俗称“随大流”。

而且，这只是一个很模糊的想法，并不是一个有步骤、有计划的目标，只是笼统地觉得自己要去了解，但是却不知道怎么了解，是阅读一些心理学的基础书籍，还是报名一个课程，或是二者兼而有之？学习计划落实到每周了吗……

这样的目标，怎么可能坚持得下去呢？最多是三天打鱼两天晒网。制定目标的时候雄心勃勃，但是往往会虎头蛇尾，不了了之。那是因为我们根本不是发自内心地想要去做到，这样的“目标”并不是我们真正的目标。

一定要目标明确，否则你的内心会非常容易动摇：看到别人炒股赚钱，你想去炒股；看到别人因比特币获利，你又去买比特币；看到别人出国留学，你也跟着放弃考研。

为了过上想要的生活，你得思路清晰，一步一个脚印，充分了解自己每一步行动的可能结果。即使在别人看来你做的很多事情毫无关联，但当你逐步接近目标时，它们会像拼图一样逐渐拼成你想要的生活。

◑ 怎样"吃掉那只青蛙"①

人人都有畏难情绪，如果目标过于庞大，很容易造成我们行为的拖延。每次想要行动的时候，一想到这么艰巨的任务，不由自主就开始打退堂鼓，就开始找各种不行动的理由。

有一个目标管理的方法叫"吃掉那只青蛙"（Eat that frog），说的就是把艰巨、庞大的目标分解为一系列具体的"小目标"，这样更容易让我们开始行动。

比如，把"学习法语"当成目标不太可能让你今天就取得很大进展，这个目标太大、太模糊，看起来像是你在遥远的"某天"要完成的待办事项。但你可以把这个目标拆分成今天实际可行的小模块，比如"花15分钟在网上搜索评价最高的法语课程"或"打电话给朋友，向她咨询学习法语的建议"。这样化整为零是做成事的好办法。

我的朋友潇潇是麦肯锡的咨询专家之一，他对工作有自己的解决方法。他手握的多个项目规模都比较大，周期很长。但他为

① 此处并非指真的食用青蛙这种动物，而是以青蛙比喻那种无处下手的任务。

每天设定小的理想目标，让大脑一直受到奖励。

“我有一张表格，罗列着正在进行的项目，针对每个项目我都明确了这一步之后，紧接着的下一步工作。所以我总是知道下一步要做什么。我发现把一个目标拆分成至少3个小模块，会让你感觉更可行，在待办事项清单上划除时也能体会到3倍的愉悦。”

比方说潇潇的工作涉及撰写项目建议书，他认为那是“工作中最没意思的部分”。为了激励自己，潇潇从不会设定一个“写建议书”的目标，而是将其分解成“收集数据”“制定预算”“写粗略大纲”等。

“每次在清单勾选完成时都能感到进展”。他说，这也能极好地刺激他去完成下一个任务。

为保证完成目标，需要非常细致地厘清我们要做什么，以及何时做。举例来说，奥丽想要更好地管理自己的情绪，与同事更好地沟通。让我们来比较一下奥丽设置的两个版本的目标。

- “我要在今天的谈话中表现得更配合。”
- “如果对方皱眉或提出问题，那么我要停下来仔细倾听，然后通过提问来了解更多情况。”

你觉得哪一个版本能让她更明确地知道具体该怎么做呢？

显然，第二个更具体、更容易做到，不是吗？

◑ 遇到“瓶颈”，尝试问自己几个问题

很多时候，我们被各种各样的事所淹没，密密麻麻的行程没有一点缝隙。我们什么都想要做好，但又觉得很茫然，没有头绪。我们的时间、精力、体力都在抗议，没办法做到面面俱到。

那么什么是最重要的事？如果你今天只能做一件事，你会做什么？

某年年初我和一位在培训公司工作的朋友见面，她当时正准备组织公司的培训年会。很不巧，她当时完全淹没在各种事项中：她正准备搬家，也答应了要帮很多朋友和熟人的忙，还有一篇非常重要的、关于培训在组织中的作用的演讲稿要写。

我们在草地上一边走，她一边列举手头的所有事情。

终于在她谈话的间歇，我说：“你有很多工作，在所有工作当中，今天要做的最重要的事是什么？”

她双眼一睁，“我懂了”。

我一头雾水地看着她。

“你刚才那句话真是醍醐灌顶。”她解释道。那句话一点儿也不高深，但足以使她意识到，“最重要的事”是给几个重要人物发出邀请，邀请他们来参加培训年会并做演讲。演讲的成功对她

来说至关重要，并且会议的日期已经临近了。

应接不暇的任务让她对明摆着的紧急事情视而不见；提出直白的问题正好帮助她厘清了大脑中的混乱，让一切重归清晰。

我每次碰到"瓶颈"时都会用上这简单的一招，屡试不爽。深呼吸，让大脑重回正轨后，我会看着手头所有任务说："好，今天下班前哪些任务必须完成？"这种清晰明了的感觉能让压力骤减。

要是有多个紧急事项要处理呢？如果我坦诚地问自己，就会发现有一件事是真正的重中之重，要么是别的事依赖于此事，要么是长期来看此事真正关系到更多利益。如果我仔细分析，会发现其他事情要么可以推迟或委派出去，要么可以放弃。

看看你的待办事项清单，尝试问自己如下问题，帮自己厘清思绪。

- 眼下最重要的是什么？
- 如果没有别的事，今天必须做什么？
- 想象下班的时候，你会因为做了什么事而感到特别欣慰或如释重负？

◑ 目标总实现不了？因为你根本就没有开始

如今有的人，几乎把全部的闲暇时间都用在看手机、玩游戏上。他们并不是没有时间去提升自己，也不是没有精力去努力和上进，而是无法戒掉自己的懒惰和拖延。

都知道读书好，但为什么不肯去读？因为一天不读书，不会像一天不吃饭那样给人带来强烈的饥饿感。都知道运动好，但为什么不肯动？因为一天不运动，不会像一天不睡觉那样给人带来极度的困倦感。但刷短视频、玩游戏，能马上获得快乐。

许多时刻，人与人之间最大的差距，就在于思维以及行动上的自律。

普通人更愿意及时行乐，去做简单但无意义的事。但优秀的人，能做到延迟满足，去做艰难却正确的事。

每个人都渴望自己变得更好，但大多数人都只是在想，很少有人真正去行动。有时，我们常常会陷入一个思维误区，总以为，想就等于做。

为什么那么多人会拖延实现自己的目标呢？我们来看一下目标管理最核心的一个问题：是什么阻止了你实现目标？

雅丽有一年去了A海岛度假，回来后念念不忘："那里的空气、阳光、沙滩、海浪……真的太好了！有各种自然风光，每个人的生活都很安逸……”雅丽无比向往：“那样才叫生活啊，我们这种的，就只能叫‘活着’。”

有朋友问她：“你既然真的这么喜欢，那有没有考虑去那儿生活呢？”

她马上摇头：“那怎么可能，我也就是随便感叹一下。”停顿了一会儿，她又认真地说：“唉，你有没有觉得很不公平？有的人生下来就可以过那样的人生。”

但雅丽也才26岁，还很年轻，一般人都会认为，如果想过那样的生活，现在开始完全不晚。但她不这么认为：“这不可能。我现在住在B城，工作也在B城。难道说让我辞职吗？就算我真辞职了，我男朋友怎么办呢。他刚拿到公司的期权，得工作满3年，期权才能变现。”

我们都说：“那不正好？用变现后的钱买个房子，就可以定居A海岛了！”

雅丽又觉得那不现实——定居A海岛意味着放弃B城的一切。她总是在说：“我现在的工作和职位是好不容易拼来的，放弃了多可惜呀。就算偶尔去度假，我现在这么忙，都很难抽出时间来。而且我爸妈也不会同意啊，他们不希望我离家太远。把他们接过去就更不现实啦……”

最终，雅丽说的“A海岛多好多好，想去住”这样的话，也仅仅是说说罢了。

不光是雅丽，我们身边、我们自己身上，这种情况也多有发生：要健身减肥，办了健身卡，半年都没去过；年初定下了旅行计划，年末了护照都还没办；每个月都做读书计划，就是从来没做到过……有时候我们会觉得很沮丧，为什么我有那么多不满，有那么多渴望，那么希望达成自己的目标，但总是在原地打转呢？

回到雅丽身上，如果她真的把去A海岛生活作为自己的目标，同时多掌握一些目标管理的技巧，这个目标能实现吗？其实从雅丽的话中，想必你已经发现了，她的问题不在于有没有掌握目标管理的技巧，而在于，她根本没有给自己实践这些技巧的机会。因为从一开始，她根本就没有想过去实现自己的目标。完不成目标的关键原因就在这里：你根本就没有开始。

◑ 我们为什么总是没法开始行动

我们设定了很多目标，生活中的，工作上的，但最后实现得很少，有些甚至都没有真正开始。很多人会说：没有开始，这都是有原因的！

“我每天上班那么忙，回家都快10点了，哪还有时间背单词？”

“我下班还要辅导孩子做功课，怎么顾得上去健身房？”

“出国玩要很多钱啊，就这么点儿工资，怎么去？”

听着很耳熟吧？你身边肯定有这样的朋友和同事，他们真的很想做自己喜欢和想去做的事情，至少他们表现出来的是这样，可是往往又有很多理由来说明“为什么我完不成”。

所以，目标管理最大的挑战就是：我无法开始，是因为外部原因阻止了我开始，而不是我的问题。

阿豪最近工作不顺，情绪很低落，去做了心理咨询。

他怒气冲冲地历数领导、同事的种种“恶行”，说到气头上，阿豪的抱怨如滔滔江水，一发不可收拾。

抱怨完之后，咨询师问：“在这个过程中，你是怎么做的？”

阿豪委屈地回答：“我什么都没有做！老板和同事很奇葩，他们看我不顺眼，我看他们也不顺眼……”

咨询师说：“哦！他们这样对你，而你什么都不做。”

“他们这样对你，而你什么都不做。”这句话很关键。

你注意到了吗？这里的逻辑换了。

“我没有一个好的职场关系，我是无辜的，我什么都没有做，只是别人对我不好。”

但同样的一句“我什么都没有做”，也可以理解为：“你没有一个好的职场关系，你是有责任的，因为你什么都没有做。”

当我们直接指出这一点时，很多人都会觉得有一点儿不舒服：我已经是一个受害者了，我那么委屈，你们为什么还要求一个“受害者”做点什么？领导、同事难道不应该为此负责吗？为什么不去谴责领导、同事，要求他们改变行为方式？

但这一点恰恰是目标管理的关键。

如果你看到的是："一切现状都是外界的责任，错不在我，我什么都没有做。"那你的目标也就实现不了，因为你认为这件事只跟外界有关，跟你无关，那你就不能改变它。

"虽然听起来是什么都没做，但其实我做了一件重要的事：我做了一个选择，那个选择叫作什么都不做。"只有意识到这一点，你才抓住了改变的主动权。

虽然道理说得很明白了，仍然会有一些朋友感到不舒服。但为了达到目标，你必须习惯这种不舒服的感觉。这种不舒服的感觉，叫作责任感。

实现目标为什么跟责任感有关联呢？我们来看几个身边的例子。

如果打算背单词，就要承担每天早起，睡前不能再刷剧的责任；如果打算健身，就要更高效地完成工作，挤出时间，而且就算去健身也不一定会变瘦，要对自己的身体负责；如果想要换一份自己想做的工作，就意味着要承担转行的压力，要提升自己的能力，为这个决定负责。

大多数人在做事之前，就已经在潜意识里悄悄描绘出一个画面：自己这么做，要承担什么责任？要承受痛苦的思索过程，承受这个目标所带来的压力，承受目标短期内不能达成的失落感，承担遇到挫折时的挫败感，承受失败后的指责……

这些都是很累、很难也很痛苦的事情，这些事情就是我们想要逃避的“责任”。如果你永远不开始自己的目标，你就不需要承担这些责任。你可以找到一百个理由，把“不开始”这件事合理化。“不开始”貌似也无所谓，能躺平就不站着，躺一会儿再说。

最终连你自己都对此深信不疑：“这都是外部的原因，不是我的问题。我什么都没有做。”那目标呢？当然没法实现。

当你意识到目标必然带来责任时，你还会随便地为实现不了目标而为自己开脱吗？

小鱼有一份非常好的工作，不仅能发挥她的长处，而且薪水也高。可是前不久她却想要离职。我很惊讶，问她原因。

小鱼说：“我们那个市场部经理人品很差，每次都和我对着干。大家只是平级，却天天来挑我工作上的毛病，说我这里不好、那里不对，还到管理者那里去打小报告。有功劳就全是他的，出一点儿小错，他就怪在我身上，和这种人没办法共事。留在这里工作，很抑郁！”

我又问：“哦，如果不是因为那个市场部经理，你还是愿意留在公司的，是吗？”

小鱼毫不犹豫地回答：“当然啊！我也不想走。可是只要那个人还在公司一天，我就不得安宁，所以我也是被迫跳槽啊。”

我问：“你有试过和他直接沟通一下，了解一下是什么原因吗？”

“有问题的是他，为什么要我主动找他沟通呢！”小鱼说。

“他确实有问题，”我承认道，“那么，谁会因为他的行为承担后果呢？你现在打算辞职，说明是你承担了后果。既然是你承担了后果，这便是你的问题了。”

小鱼愣了一下，好像意识到问题出在哪儿了，但同时她也感受到了某种压力，特意强调说：“为什么要我去解决不是我造成的问题？”

仔细分析这句话，她内心的潜台词是：“我只是个受害者，这事都怪做错事的人，不应该来怪我。”

我继续追问：“你觉得你辞职是谁的问题？”

她还是毫不犹豫地回答：“当然是市场部经理的问题！”我接着这个回答再问：“谁应该来解决这个问题？”小鱼快速回答：“当然是他来解决。”

我又问：“那如果解决不了这个问题，谁会吃亏呢？”小鱼这时还有些底气：“这还用问？当然是我吃亏！”

我最后问的问题是：“所以，如果他不解决这个问题，吃亏的人是你？”

小鱼沉默了良久。过了好一会儿，她说：“我忽然觉得自己很被动。”

我告诉她：“问题或许不是你造成的，但既然你因此受害了，你最好把它当成自己的问题。如果你希望情况有所改变，你必须自己解决问题。”

“但这不公平，”她争辩道，“这不是我的错。”

“小鱼，”我真诚地对她说，“生活本来就不公平。如果你想坐等情况变公平，你会陷入愤世嫉俗、自暴自弃的状态。不要再妄想因为你认为是别人造成了你的问题，他们就会主动解决。自己主动去解决问题的感受会好得多，问题是不是你造成的并不重要，你才是需要解决问题的人。这会让你感到掌握了主动权，并且问心无愧。”

随着对话的进展，我们渐渐可以看出问题到底出在哪里了。永远不要妄想着“因为问题是别人造成的，他就要主动出来解决”，你不但会因此受害，还会因此把实现目标的主动权拱手让人。只有当你选择为自己负责的时候，你才会把自己从“被别人支配”的位置上解放出来。

分析心理学家荣格说：“把生命放在你自己手上，你会发现，你没有其他人可以责怪。”牢记这句话，也许很多目标实现起来就不那么难了。

◐ 你甘愿为想做的事付出代价吗

不管你选择什么样的目标，都需要付出相应的代价：时间、精力、专注……目标和代价就像一枚硬币的两面，天下没有免费的午餐，你想要得到一些东西，不管你愿不愿意，都必须承担相应的代价。

现在，请你在一张白纸上，列出与目标相伴随的代价：需要付出的、预计收获的、可能遭遇的。把你需要付出的时间、资金、人力等写在第一栏；把收获的利益、成长值、成就感、附加值等写在第二栏；把要承担的压力、风险、责任、后果等放在第三栏。

我们以雅丽定居A海岛的目标为例。

表1-1 雅丽的目标与代价分析

需要付出的	预计收获的	可能遭遇的
和父母/男友沟通的成本 稳定的工作和环境 花时间学习方言	舒适宜人的自然环境 独立的生活能力 向往的生活模式	陌生环境的不确定性

我们可以用数字的形式，对这些条目进行评估，在整理表格的过程中，注明每一项所占的比重。这样，一份具体、可操作的目标，就完整地呈现在眼前了。

你既知道自己要付出哪些努力和代价，又知道需要承担什么样的风险和责任，还评估了前进路上的障碍是什么，也准备了应对的方法。

当然，看到这些要承担的责任，你也可以选择再犹豫一下，也可以放弃或调整现在的目标。这不是什么坏事——你做了一个理性的评估，就算你选择不实现这个目标，选择权也在你的手上，而不会再把困难归因于外界。你可以说是我选择了放弃，而不是我无能为力。这才是最关键的地方，你成了自己的主人，你获得了对生活的掌控感，你可以为自己的每个决定负责。

对照这张表单，请你再跟自己确认一遍：我愿不愿意马上开始？

精神分析心理学家弗洛姆有一本书《逃避自由》[①]，只看书名，很多人会感到困惑，自由是人人向往和追求的，我们穷极一生，就是为了追求自由，为什么要逃避它？而弗洛姆却告诉你，因为自由也是有代价的。

自由意味着你必须自己独立去做决定，并对这件事情负全部责任。在一定程度上，你要放弃一些一直以来依赖的东西：你选择告别父母，独立生活，就意味着你要独立向前，不再会有人为你遮风挡雨；你选择创业，就会失去原来安稳的工作和平台。

自由的代价会让你失去某种安全感，它使人孤独，并感到焦虑和压力。

这样的自由，你敢不敢要？

让生活跟现在不一样，尝试一次突破，实现一个目标，进入人生的下一个阶段，这些都是需要付出代价的。至此，有些人开始犹豫，他看到了那些自己不愿意承担的相应的责任和代价，他选择了逃避。逃避不是什么坏事，只不过是一次选择。

① ［美］艾里希·弗洛姆：《逃避自由》，刘林海译，上海译文出版社2019年版。

但如果继续哀叹“唉，太不公平了，我为什么就过不上我想要的生活”，这时候我只能说：“没什么不公平的，这是你的选择，你选择了‘不去开始’。”

这一切是目标管理的前提，是你迈出去的第一步，也是最重要的一步。

第二章　效率：找到自己的最佳工作状态

职场中，经验与资历固然重要，但这并不是衡量一个人能力的标准。一些自诩有十多年工作经验的人，不过是把一年的工作经验重复十几次罢了。而一些新手，虽然进入职场的时间不算长，但善于举一反三，反而能够进步神速，出奇制胜。

在现代企业中，成果是企业生存的立足之本。许多人整天忙忙碌碌地上班、加班，但无形中，工作在他们那里全变成了流水线作业。这样的“勤恳”，只能成为掩饰自己没有成果的假象，不会给企业带来实质性的成效。

事实上，花费多少时间来工作完全是你的事情，工作时间与创造的价值并不成正比，真正取得成果，才是你能够晋升的最直接依据。

◐ 你不是忙，而是没有选择去做

时间对于每个人都是公平的，但是有的人在时间中成长，积累了财富、人脉、经验和教训，而有的人却总是在原地踏步，用一年的经验浑浑噩噩地应付了十多年。所以我们才看到不同人的一生出现了巨大的差别。

很多人会说“我快忙死了，这件事我没时间做”，更真实的情况应该是“我不选择做这件事，因为它不是我此刻重点关注的事情”。如果你想创造梦想中的人生，就把这些“我快忙死了”的谎言去掉，你要从心里明白“我不会选择做这件事”。

你不要说“我没时间锻炼”，更诚实的说法是“我选择早上7点赖在床上睡觉，因为我昨晚看电视看到很晚，我认为锻炼没有看电视重要”。你不要说“我没时间和家人吃晚饭”，更诚实的说法是“我选择在公司加班做项目，没选择提前半小时离开办公室”。

承认这些事实很痛苦吧？可能是的，但是请别继续自欺欺人了，改变你的选择吧。要知道，人生就是由很多选择组成的，改变每一次的选择，就是最大限度地改变人生。

想象你正在赶报告，新来的实习生走近你，问道：“你愿意教我怎么用这台打印机吗？”你回答道：“现在没有时间，我正在赶一个报告，迟一点吧。”再想象在同样的情境下，只是这一次实习生说的是：“我刚把脚弄伤了，走不了路了，你能帮帮我吗？”听到这句话，你很可能会马上跳起来，把工作抛到一边，去照顾同事了。

比较这两种情况，你会意识到应该责怪的不是时间，而是你的选择和优先级排序。当我们把一些事情放在最高优先级时，我们总是能挤出或找到合适的时间的。

“忙”不过是你的挡箭牌，你只是在骗自己而已。你的家人很清楚，在工作和家人之间，你选择了工作；你的身体知道，在追剧和锻炼之间，你选择了追剧；你的同事知道，在琐碎的事和重要事务之间，你选择了琐碎的事。如果你能改变自己的选择，“忙死了”就会成为过去时。

这种直击真相的诚实也许会提前为你的某些可有可无的借口画上句号，你的借口没了。比如“啊！我本来要打给你的，可就是太忙了”，只剩下实话“我没选择打给你，因为在我的心里你没那么重要”。

对于最重要的人或事，你绝不会忙到没时间联系或去做。也许你不必说得这么直接，但内心还是要诚实地回答自己。认为自己“没时间”所以做不了某事并且抱着受害者心态去责怪外因，事实上只是我们在自欺欺人，这样只能让我们停滞不前。

如果你选择不做某事，就别骗自己说“因为我太忙了”——不是你太忙了，而是你选择不去做。

◑ 我们的时间是怎么被偷走的

假如你拥有想要的和需要的所有时间，那么，你能实现什么？假如能给生活带来不同的是每天多出的一小时，那又会发生什么？你将会怎样利用每天的这一小时？

- 与亲人和朋友待在一起？
- 健身和养生？
- 看喜欢的书或电影？
- 多睡一会儿？
- 开创一项副业？

很多时候，忙碌的节奏使我们无法独立思考，我们选择如何利用时间的能力越来越弱。我们已经忙到停不下来，没有时间去反思我们真正想要的是什么，就好像被安在自动驾驶仪上，任由智能装置和周围的环境代替自己思考——导航告诉我们应该怎么转弯，智能软件无休止地给出建议，告诉我们该听什么、看什么、买什么、穿什么、吃什么、做什么。

你似乎总也没有足够的时间做完每一件事，因为有各种各样不同的事情在持续地消耗你的精力，打断并分散你的注意力。我们被困在一个多任务的、混乱的世界，每周7天、每天24小时的运转模式让我们承受了很大压力。

让我们看看一些会“偷走”时间的常见干扰因素。

- 社交媒体。当你感到无聊或焦虑时，会花1小时在微博、微信或其他社交媒体上。
- 短视频。你已经养成了晚上没完没了地看短视频的习惯，以现在的条件，你可以随时点播任何节目。

- 消极的人。你过去很喜欢的一个老朋友，现在对生活很消极，每次和你聊天都是在抱怨，每次和他聊天你都感觉自己也被带进了消极情绪的旋涡中。
- 消息推送。不断变化的世界让你成了一个“八卦迷”，各类推送消息在一天之中持续地打断你，你不想错过任何话题。
- 网络购物。你花费无数时间去浏览、对比和寻找你想要买的东西。

最危险的是，这一切都发生得很慢、神不知鬼不觉。随着时间的流逝，你的时间一次次被偷走，你却全然不知。

◑ 时间有限，来做些高价值活动吧

假设你每天晚饭后有2个小时的自由支配时间，那么，你是用它来看培训视频，让自己的知识储蓄更加完善呢，还是瘫在沙发上漫无目的地刷朋友圈、看短视频呢，抑或是去健身房运动流汗呢？这3项活动对你自身来讲，价值是不同的。

要创造价值就要做高价值活动，让你的时间安排与目标保持一致。通常，很多人会把时间花在最简单或最喜欢的活动上，以此逃避做高价值活动。他们用低价值活动填满自己的时间，然后就“没时间”做高价值活动了。这不叫忙，这叫逃避，这叫懒惰。

如果你想利用你的时间创造更多价值，就要把更多时间投入高价值活动中去。每天都做一些不重要的事情对你没有任何帮助，一周下来，你筋疲力尽却感到无比挫败，因为你虽然忙碌却没完成任何重要的事情。长期做正确的事情，才能拥有我们想要的人生。

现在有些年轻人喜欢“薅羊毛”，研究各种“薅羊毛”攻略，分享各种心得指南，仔细计算怎么优惠、怎么省钱，为了便宜5元钱而浪费半小时。

办公室里的苏苏喜欢“薅羊毛”，还得意扬扬地说：“一天也花不了多少时间，半个小时就能薅个五六块钱，一年也有一两千块钱了。”

唉，听了让人觉得很惋惜：姑娘，你的时间到底是多不值钱呀？每天半个小时用来干点让自己增值的事情，不好吗？提高PPT制作水平、写一个好文案、多联系一个客户、健身半小时……一年下来，你的工作表现、健康程度就会有很大的提升呀。

每个人每天的时间都只有24小时，花大量的时间“薅羊毛”只会本末倒置。“薅羊毛”带来的收益是短暂又低效的，我们的一生那么长又那么短，做什么事情都要考虑成本和收益的比例，并且不要忽略时间成本，多做一些能产生复利的事情。如何用自己有限的时间活出精彩的人生，才是我们每个人真正要认真考虑的。

当然，如果你满足现状，觉得自己的时间并不值钱，那就另当别论了。假如你对现状不满足，想要更好的生活，就请思考一下未来你要如何创造更高价值。

这就回归到核心问题上：什么是你最看重的？什么是你最急需的？掌控时间的第一步是了解自己想要什么——包括事业、亲密关系，以及任何你在乎的领域。然后，确保你支配时间的方式与你的长期目标一致。

如果只局限于眼前的琐碎之事，缺乏长期视角，你的人生就会成为无意义活动的集合，即使你目前感觉很好，将来也很难有所建树。当一天结束时，你会不禁感叹："这一天我做成了什么？"一天、一周、一月、一年……碌碌无为构建了你平庸的一生。

然而，如果你有意识地、持之以恒地向着自己的目标前进，选择与目标一致的方式支配你的时间，你就做到了有智慧地掌控时间。保持清醒的头脑，这是成就非凡职场的关键。

确定自己的工作重心，尽量减少附加值较低或没有附加值的任务。要判断你的时间利用是否有智慧，你需要问自己几个关键问题：

- 什么是我的长期目标？在未来，什么对我最重要？（一年之后，三年之后，等等。）
- 我（这周或这个月）是否把时间花在了最有影响力的活动上？

- 我将精力用在做正确的事上，并且做得高效吗？

问自己这些问题，用以评估你的日程表，让自己更清醒、更有觉知力，并且做出恰当的调整。这些问题能提醒我们保持工作与生活之间的平衡。

◑ 事情一多就手忙脚乱？试试一心专用

我们总以为同时做几件事就能在一天里完成更多事，所以我们一边打电话，一边阅读文件或者浏览网页。我们会在开会或是吃饭时浏览新闻。我们一边跟旁边的同事聊天，一边撰写已经延误了的报告，还想着午饭吃什么。“忙、忙、忙”，我们总这么认为。

一心多用除了让我们感觉自己工作很努力、掌控全局之外，还能暗中给我们一点点快感。大脑的奖励系统喜欢新奇事物和与人接触，尤其是意料之外的人和事。所以每当我们手机响了或振动了，都意味着一种潜在的奖励；每次工作被打断都可能带来有意思的趣闻花絮。尽管那通常只是一条垃圾短信，但我们也总是忍不住分心去查看。

然而，同时开展多个任务有损于我们的工作效率——用更直白的话来说就是，一心多用延长了我们的工作时间。试图同时做不止一件事，不但会让我们放慢速度，还会让我们犯更多错误，而因此返工就进一步拖延了进度。我们感觉更忙了，但实际上做得更少了，也做得更差了。

一项针对微软公司员工的研究发现，在被一封邮件打断工作后，员工往往要花15分钟才能完全重新厘清思路，不论他们是否回复该邮件；短信这类的信息也没好到哪里去，在被额外的信息打断后，他们也需要十多分钟才能恢复到之前的工作状态。将每次分心造成的损失乘以平时每天被打断的次数，你就会明白为何同时做多项任务可能对你提升工作效率并没有好处。

任何一心多用的人看起来都很忙，但往往一事无成。研究表明，任务越复杂或越不熟悉，你就越难在它们之间切换。当你同时处理多项任务时，工作效率会下降40%。对于复杂的任务，被打断后，工作效率相当于“开机重启”。

我们来看一下实际操作过程中的转换成本，可以试试下边这个简单的例子。

先说“abcdefg”，然后马上说“1234567”。注意这个过程你要花多长时间，也可以自己计时。

然后把两组间隔着说：“a1b2c3d4e5f6g7。”留意你在“工作”量相同的情况下，在字母和数字之间来回转换是否需要花更长时间以及是否需要耗费更多脑力。

最明显的是在写报告的时候，明明已经有了思路，正在文从字顺地进行着，突然被一个电话打断，等到再开始写报告时，要苦思冥想半天，还不一定有先前的表达思路。之所以很多重要的报告常常不适合在办公室完成，是因为有太多干扰因素：突如其来的电话、身边人的闲谈、老板突然要找你说事……

同时处理多项任务看起来是一个令人振奋、效率很高的办法，可以帮你应对大量工作，但如果我们一心专用，一次只专心做一件事，实际工作效率会高得多，会更容易进入深度思考，真正做到深度工作。

第一步，明确你不被打扰的时间段。看看你一天的日程安排，想办法标出不被打扰的时间段，专门用于执行需要高度集中精力的任务。试着分出较短的20—30分钟的时间段，还有较长的60—90分钟的时间段。如果你的日程安排支离破碎，会议和电话沟通散落在一天当中的各个时间，尝试把这些交流活动整合到一起，请别人晚一点或早一点来会面或谈话。

下一步，确定哪个任务该放到哪个时间段。这一步的目标是不要在不同任务之间来回切换，避免注意力从写报告跳到回复邮件再到接听电话上。如果没有其他事，专门分出一个时间段进行深入思考，再分出一个到两个时间段来处理信息。把最长和最好的时间段分配给需要深入思考的任务，也就是那些你认为需要时间沉下心来完成的任务。

◑ 如何处理令人分心的事物

下面我就告诉你如何移走不必要的、让人分心的事物，把大脑有限的注意力集中在当下最重要的事情上。

关闭提醒。想想现在我们身边充斥着各种分散注意力的信息，从手机的振动铃声，到电脑屏幕上弹出的图像。如果一天到晚任由这些通知涌进来，你就没法充分利用时间，因为应付每一次的提醒都要占用一部分大脑的工作内存，不论你是否做出回复。

所以，在你真正需要专注时，关闭提醒就好了，比如你可以使用手机上的飞行模式，或者关掉电脑的无线网络连接。为了提高专注度，你还可以在设备的设置选项里永久地关闭最没有价值、最扰人的软件的通知功能。

设定时间。在自己可支配的时间里，你可以明确地给自己设定一个“专注时间”，比如30分钟，或1小时专注写报告，不要打开任何的通信设备。

你如果在用电脑写报告，可以采用全屏模式，这样你就能屏蔽其他程序，全心投入设定的任务中。你可以要求自己：只要没到规定时间，就不能打开其他程序或是网页。相信我，即便是像“我就看一下邮件”这样的小事也会严重影响你的效率；点开一个新闻或者视频一定会分散你的注意力，无论出于什么理由，你都不要打破在设定的时间里为自己设定的“规矩”。

如果觉得长时间投入地做一件事太难，你只是需要练习。从规定自己专注5分钟开始，然后慢慢增加时长。不论什么事，只要能每天坚持练习——分心也好，专心也罢，你都会做得更顺手。现在的大部分人都习惯于第一时间对短信或即时消息做出回应，而对重要事情的集中力却有待提高。只要多练习，我们一定能有所改进。

移走诱惑。每次受到视觉上的干扰，你的工作内存就会被占用一部分，逐步诱惑你转向一心多用模式。所以如果你要专心工作，最好退出电子邮箱，关掉浏览器，或者至少关掉不用的页面。

在无线互联网问世之前，美国小说家乔纳森·弗兰岑为了专心致志创作小说《自由》，就选择在一台无法上网的电脑上工作，他把缆线接头用胶水粘到自己电脑的网络接口里，然后切断缆线。在无线互联网时代，弗兰岑的招数有了现代版，有一些应用软件能在特定时间段拦截你登录某些网页。

比如我就很清楚自己难以抵挡各种信息的诱惑，特别是越来越多的“标题党”信息十分吸引眼球，让人忍不住想要点击，所以干脆在写作时电脑不连Wi-Fi[①]，专注写作，先达成既定的写作任务，再连Wi-Fi看信息。

把零散的点子存到“百宝箱”。即使你尽全力聚精会神于一项工作，可能还是会有其他想法在你脑海中闪现，有些想法还特

① 无线网络通信技术。

别宝贵，不能错过。与其为了捕捉这些零散的思维火花占用脑力空间，或者被拉进去探索一番，还不如养成马上把那些想法记录下来的习惯，这样你就可以在适当的时候回头查看。

我有一个本子就专门记录这些零散的思维火花，随时在手边，随时可以记录，要用的时候翻一下就可以了。既不会忘记，也不会占用大脑太多内存空间。

◑ 管理时间，不如管理精力

你是不是常常觉得一天下来什么重要项目都没完成？那么你可以试着为高价值活动留足不被打扰的大块时间，你会更专注、更高效。

减少工作时间

工作的质量和工作的时长没有必然的关联，不是工作的时间越长越好。如果你能确保每天有3个小时高效工作的时间，那么这个工作时长已经远超你大多数同事能做到的。

时间管理的目的，不是把每天24小时填得满满当当、密不透风，让自己疲于奔命；而是让自己有足够的时间去做想做的、重要的事情，让时间为我所用。

要做到这一点，你就要非常清楚自己每天、每周和每月需要完成什么。这会让你专注于重要的事情，而不是各种琐事。如果你不清楚自己必须完成什么，那你一整天都将耗费在处理办公室的日常琐事中。

专注于每天以良好的状态高效工作3个小时，把剩下的时间用在社交媒体和创造性思维上。如果你每天能出色地完成这3个小时，那么你的业绩将会超过大多数同事。

留足大块时间

在每天工作开始的时候解决掉那些自己最不愿做的重要任务，然后再处理其他的会议和电子邮件。清晨是一个人前额皮质最活跃的时候，千万别把这宝贵的能量浪费在处理邮件和不重要的会议上，什么最需要创造力就做什么。

为什么呢？《目标》[①]一书里详细讲过生产原则——“转换成本”。生产零件时，用装配线生产大量同种零件比生产少量多种零件更快、更便宜，因为更换机器耗费时间、降低效率。

这一原则同样适用于个人。你每次开始或停止一项任务，都会耗费时间和精力，导致效率降低。这不仅浪费了时间，还浪费了脑力。与高级思维密切相关的前额皮质像一块电池，它每进行一次“概念转换”，电量就会流失一点儿。前额皮质的电量流失越多，你的思考力就越差。所以，你每次从这项任务跳到那项任务时，就削弱了自己创造高价值的能力。

① ［以］艾利·高德拉特、［美］杰夫·科克斯：《目标》，齐若兰译，电子工业出版社2019年版。

研究表明，一名普通劳动者平均每天进行200次概念转换，而不停地看手机、查阅邮件、耗时在社交媒体上会让这一数据呈指数性上升。普通人平均每11分钟就会有一次注意力中断现象，平均需要15分钟才能返回先前的任务，而且，不停地中断会导致精力分散、易怒、焦躁以及因效率低下产生的挫败感。

现在，你在完成某项任务时应该把手机、邮件、朋友圈放在一边，让自己更加自律，别让“屏幕时间”无节制地延长。不要每3分钟看一次手机，没有什么重要或有趣的事情发生，这么做只能扰乱你的思维，导致你与高效工作渐行渐远。

评估你的时间：跟踪记录并回顾

如果你忙完了一天，却发现自己什么都没做，那我建议你不妨记录一下自己的时间，就像有的人会记录自己的饮食情况或锻炼情况一样，花费时间的具体细节也值得记录，这样你才能清楚时间都花在了哪里，确保你的行为不偏离自己的目标。

记录时间的人更能有效地完成目标，因为记录得越细，你的时间意识就越强，更能随机应变做出调整。我建议你每月抽出1小时用来评估你的时间花费情况，不必追求科学性，只需回顾一下过去几周你都做了什么即可。

评估时不要对自己太苛刻，不要想着你应该榨取每一秒的最大价值或是只能做服务于人生最高使命的事，那样也太难了。如果一个人活得不快乐，那么高效率还有什么意义？别盯着完美不放，行为和目标大体一致就行了。

◑ 是时候净化你的手机了

我们在生活里应接不暇、忙碌不堪，以至于没法留意自己的时间是怎么用掉的。我们已经习惯于认为时间有限、无法控制，而自己对此无能为力。其中，手机是偷走时间的“罪魁祸首”。

手机是一个神奇的工具，如果你正确、有效地使用它，它就可以最大限度地优化我们的工作和生活。管理用在手机上的时间，让它服务于你，而不是阻碍你，这是提升个人效能的最简单和最有力的方法之一。

在手机屏幕上的每一次触摸、滑动、点击都是在消耗时间。以下是一些净化技巧，可以帮助你控制自己的专注度、注意力和时间消耗。你应该使用手机做你想做的，而不是让手机牵制你。

清理屏幕主页。将所有不重要的应用程序移到次级屏幕或是折叠文件夹之中。通过这样一个小小的改变，你就可以清除那些会无意中占用你时间的应用程序。现在，屏幕很干净，你可以专心选择你要用手机来做什么。

尝试把屏幕调成黑白模式。为了对抗手机令人着迷和上瘾的特质，你可以把手机屏幕调成黑白模式，而不是彩色模式，这样它就不会那么吸引你了。最早是看到一个朋友这样做，我试了之后觉得挺有用的。

删除非必要的社交媒体应用程序。在我的手机上，很多社交媒体应用程序被我删除了。这些程序是时间的黑洞，一旦打开就很难关上，等你意识到的时候，已经过去半个小时了。看的时候兴趣盎然，看完之后只有时间被消耗一空的空虚感。

关闭部分信息提示。很多时候，一有消息通知，你就去看手机。这些"叮叮叮"的提醒会持续干扰你的注意力，设置成"免打扰"模式，可以让我们保持专注。

用一张激励性质的图片或名言作为手机屏幕壁纸。每次看到它，你都会更加投入当下，进而强化你对于时间的利用能力。比如"征途漫漫，唯有奋斗""少壮不努力，老大徒伤悲"，也许看上去不够新潮，但挺有用的。

将手机放到视线以外的地方。一些研究表明，仅仅看见手机就可以导致你的注意力和学习能力降低10%。远离手机或其他电子设备的时间段，可以让你恢复专注度、注意力和精力。

当你把时间投入在正确的事情，即那些与你的价值观和目标相一致的事情以及那些可以帮助你增值的事情上时，就会产生时间的复合效应。它会加速生活中的其他领域发生改变。例如，每天锻炼1小时可以让你更健康、更有能量，从而让你在工作时精力更加充沛，也对自己的外形更有自信。多睡1小时也可以提升你的工作绩效和整体活力。

你看，这可不仅仅是简单地用掉时间，而是你用时间做了什么。只是1小时，就可以在你生活、工作的各个方面产生积极的复合效应。

◑ 你的拖延无可救药吗

花有重开日，人无再少年。时间教会我们最重要的一课就是珍惜。

经常听到很多人说自己是“完美主义者”，所以很多事情不会轻易动手，要等万事俱备之后才会行动，以保证有完美的结果。但是，完美主义常常是因内心的恐惧感而产生的。

如果你感到害怕，那么你脆弱的心态就会迫使你把事情做到尽善尽美或者干脆放弃。如果你一直追求完美，凡事皆期待最好的结果，这种压力就会导致你产生恐惧心理。完美主义和恐惧心理真是天造地设的一对。

恐惧往往会驱使我们选择零风险或无意义的替代任务来把时间填满，让我们轻重不分、本末倒置。到时候，你会把时间放在打游戏或浏览社交媒体等事情上，好像这些事非做不可一样，而把真正重要的事放在了一边。

我们总是会有意无意地避开难啃的骨头，去做一些无关紧要的小事，以此来填充自己的生活，造成忙碌的假象。日复一日的忙碌，却让我们离自己的目标越来越遥远。

许多人都把完美主义当成借口，把它作为掩饰自己恐惧的面具。面具下的那个你害怕面对我们其实事事不完美的现实。

之所以说完美主义可能毁了你的生活，是因为它会让你丢了西瓜捡芝麻。下面我们就来分析一下它和拖延症的关联。

拖延症的虚假好处是，它维护了完美的幻想。你只有迈出实际的一步，比如“我开始动手写书了”，才会开始接受一系列不完美的状况的洗礼。这一阶段的不完美可能包括许多状况：精力欠佳，思路匮乏，没有写作动力，不在状态或是不管什么原因导致的信心不足等。行动之前，你总是以为要万事俱备后，你才会进入完美的状态，获得完美的思路，产出完美的结果。只有行动起来，你才会发现一切并不简单。

我们总是高估自己在短期内能完成的事情，却又低估自己长期所能取得的成就。回想一下，你有没有一项坚持了十年以上的有益习惯？如果有，那么这个习惯在很大程度上一定给你带来了非常多的收获，如果是一项技能，那你在这一领域肯定拥有非常强的竞争力。

要想成为更好的自己，就要把时间用到那些可以让自己不断增值的事情上，而时间也总是加倍回报那些长期坚持的人。

我们有太多的选择和待办事项，我们像杂技演员，每天都在玩抛球接球，生怕不小心没接住球，摔在地上。成功不等于你不会掉球，而是你知道哪个球是橡胶的，哪个球是玻璃的。橡胶球没接住没关系，你可以等会儿捡起来，但是，千万要接住玻璃球！

◑ 这两招，让你征服如山的邮件和信息

如何才能从每天堆积如山的邮件、信息里爬出来，在上面少花点时间呢？

不要频繁查看

每天从早到晚都在处理邮件、信息——不论是正在执行任务、开会，还是在四处走动时——让我们觉得忙碌而高效。但这意味着我们花了很多不必要的时间在邮件上。一心多用会迫使我们的大脑在不同任务之间切换注意力，每次在工作任务和邮件之间来回调整都是在浪费时间和精力。与其如此，不如把邮件“分批”，每天分几批集中处理邮件，而不是每分钟都在处理。

我会习惯在早上9点、下午3点、晚上下班前，分别处理一次邮件，其他时间基本不处理，除非是非常紧急而重要的，这样反而更加高效。

只处理一次

当你专心处理收到的邮件时，只处理一次。如果一封邮件你看了3次还没回复，那么在这件事上花费的时间就增加了两倍。借鉴美国时间管理大师戴维·艾伦在其著作《搞定I：无压工作的艺

术》[①]中提到的方法，查看邮件时可以把如下的4D原则当作目标。

- 执行（Do）：做好决定并回复。
- 授权（Delegate）：如果有些事由别人处理也可以，就尽管把任务分派给别人。
- 延迟（Defer）：申请过段时间再采取行动或探讨。如有必要，写个回复告知对象“我稍后再答复你”。
- 删除（Delete）：如果以上几条都不适用，直接删除。

有时尽管你设想得特别好，但还是让邮件日复一日躺在那儿没有处理。所以，我每周都会查看有没有“潜伏”在收件箱里很久都没有处理的邮件，问自己：“再缓一天我的回复会更好吗？”如果答案是否定的，我就催促自己马上处理，因为简短而及时的回复总好过迟到的回复。

◐ 深度复盘，成长真的有捷径

复盘本身是一个围棋术语，也称“复局”，是指棋手在完成对局后，重新回顾一遍棋局，分析优劣和得失的过程。

① ［美］戴维·艾伦：《搞定I：无压工作的艺术》，张静、谭永乐译，中信出版社2016年版。

如今，我们对工作也要如此，不论是工作了3年还是5年，如果没有复盘，3年跟5年并没有多大区别。在职场中，你会发现一个规律：通常刚参加工作的头一两年会学到很多东西，随后很多年都是在这个基础上循环而已。

很多人的工作每天看起来好像差不多，但每天又有很大的不同。有些人忙了一天，回到家在沙发上一躺就不想动了，刷刷手机，洗个澡，就睡觉了。一天过去就过去了，一年过去就过去了，所以很多年一成不变。而有些人回到家之后，能把一天的工作和生活梳理一遍，思考哪里做得好、哪里做得不好，然后不断地加以调整和修正。时间长了，人与人之间就会变得千差万别。

《原则》的作者瑞·达利欧说，大多数人犯下的最大的错误是没有客观地看待自己以及他人，这导致他们一次次跌倒在自己的弱点上。极少数人之所以能取得成功，是因为他们能够超越自我，能够客观地看待事物，并洞察事物的真相。

跳出第一视角看自己，到更高的层次去观察自己，这就是自我反省的能力，随时从自己所处的环境中跳出来，切换视角，对自己进行“监测”和“校正”。

实际上，有时不是你不知道答案，而是你没有进行自我审视。自我观察、自我审视、自我反省，就是一种复盘思维，它会让你看到自己的缺陷以及问题的关键所在，而后对自身的行为进行有效的干预和调整。长此以往养成良好的复盘习惯，你会发现你拥有了对很多事物的掌控权。当你真的改变了，你眼中的现实世界也就改变了。

这非常像电影《土拨鼠之日》中的角色菲尔。菲尔是一个在镜头前风趣幽默的人，但事实上他是对工作感到厌烦的气象播报员。

有一年的2月2日，他按照惯例在一个边境小镇报道当地的土拨鼠日庆典活动，没想到那一天竟成了他人生中“最难忘的一天”。他被困在了2月2日，时间就这样永远停在了2月2日，他每天早上醒来都是土拨鼠日。

其实，这是一个巨大的隐喻：日子就是不断重复的。有人说，一年不是365天，而是相同的一天被重复了365次而已。有些人的一生都是如此。

请大家思考以下3个问题。

- 最近你工作上最大的进步是什么？你做了什么有了这进步？
- 最近你工作上有没有什么失误？这些失误可否避免？
- 最近你有没有一些可以提高工作效率的方法？这些方法可以应用在哪些工作当中？

能立马回答出这3个问题的人，就是经常复盘的人。这些人不断从工作中总结出一套适合自己的工作逻辑与方法，哪里做得好，就记下来，甚至思考是否可以做得更好；哪里做得不好，就会去分析是什么原因导致的，下次怎么避免，正确的解决方案又是什么，等等。

这样不断地实践、总结、复盘，长期如此，一个人想不进步都难。

我们常说“吃一堑长一智”，但是如果没有反思，就算吃两堑、三堑都很难长一智，还有可能陷入恶性循环难以自拔。就像英国作家赫胥黎所说：“经验不是发生在你身上的事情，而是你对发生在你身上的事情做了什么。”

如果我们没有对自己遭遇的事情“做了什么”，这些遭遇就不会带给你任何价值。我们要做的事情，就是复盘、反思。

跳出画面看画面

从事件当中跳出来，把目光放到自身的内因上，以一个旁观者的角度审视自己的行为。这就像看电影一样，作为观众，你可以比较客观地评价电影中发生的各种事情。

很多时候我们陷在细枝末节中无法自拔，看到的都是芝麻绿豆大的小事。因此，需要抽身而出，保持足够的理智，这样才能看到更多的画面。

剥离情绪回归真相

情绪会影响人的认知和决策，这种影响是在潜移默化、不知不觉中发生的。这就像电脑的后台系统，一直都在悄无声息地运行着，只是我们不太关注而已。

很多时候，我们是被一种混乱的情绪所左右，从而让决策处在非理性当中。复盘所要做的就是剥离这些混乱的情绪，让人以旁观者的身份，观察它、记录它，从而对自己的行为方式是否正确做出准确的分析和判断。

好的复盘是“过电影”

所谓“过电影”，就是对过去发生的事情进行回顾。一天结束以后，我们先把一天的主要经历在脑海中过一遍，今天到底发生了什么，我今天到底过得怎么样。我们需要做到心里有数，掌握一定的素材，搞清事实，然后才能梳理出个所以然。

有时候，我们只要稍微回顾一下过去，就能发现问题所在，就能知道哪里做错了。

复盘的核心行为——模式识别

人都有固有的行为模式，很多人活在固有模式当中却不自知。

当某个不好的行为经常出现在你的生活当中时，如果你足够敏感，就能意识到这可能是自己的固有模式，需要将这个行为标记出来，想办法予以重点改善。

因此，我们有一个重要的任务，就是寻找过去的一周中，我们有没有固有的行为，有没有一些问题和信号反复出现，这就是所谓的模式识别。

在零碎的事件当中，我们很难发现模式，只有在连续的时间，在多个行为事件中，我们才能发现它们的规律。

当你有机会看到自己的固有模式，那么就离解决问题更近了一步，有时甚至能够在意识到后立即改正，正所谓“看见即疗愈”。

第三章　汇报：让你的汇报更精准有效

很多人都有这样的体验：明明平时说话很顺溜，但是跟领导汇报时总是磕磕巴巴，不能很好地表达自己的观点。虽然领导平易近人，但自己还是说不利索，如果领导面相威严，不苟言笑，那就更是惨不忍睹了。

因为自己不会汇报，错过了太多机会，也留下了很多遗憾，怎么办?

◐ 见了领导就慌怎么办

小蔡在机关工作4年，各方面表现得都不错，领导和同事对他也比较认可。但他对自己的表现却不是很满意，特别是和领导在一起时，他总是感到非常紧张，经常张口结舌，表达得不清楚、不到位，本来想好的词，一到领导面前就忘了，有几次，领导甚至对此面露不豫。

其实不止小蔡一个人，职场上的许多人也是如此。这是典型的“权威恐惧症”。遇到上级、领导、专家或是在某方面比自己强的人，就会感到紧张、焦虑、不安，或者是不由自主地想要去取悦、逢迎、讨好对方，从而造成交往上的心理障碍，甚至可能不愿意与这些人交往。

“权威恐惧症”本身并不可怕，可怕的是由此引发的心理障碍或是过度反应，这些“不良反应”可能会给工作、生活带来许多负面的影响，这是需要去控制、调试、改变的。要想做出改变，我们需要以下几步。

首先，我们要了解“权威恐惧症”从何而来。

“有所贪求”是第一个原因，也是最主要的原因。许多人的职场前途掌握在领导、上级手中。而这种强烈的、本能的对自己职业前途的需求和渴望，导致了交往时的心态失衡。比如说话时经常要反复权衡、来回考虑，平常三五句就能说清楚的简单事情，这个时候到了嘴边，却不得不左思右想，简单的事情却变得复杂起来。

不只是职场，商场亦是如此，客户是上帝，因为想做成生意、获取利润，所以毕恭毕敬、诚惶诚恐。总之一句话，不能以平常心对待。

“弱势心理”是第二个原因。主要表现在与比自己强的人交往时，容易拿自己的短处与对方的长处相比，对方气宇轩昂，自己弱小无助；对方潇洒自如，自己拘谨木讷；对方华服加身，自己衣衫寒酸……越比越不安，越比越自卑，别人是多么优秀，自己却如此不堪，这种负面的情绪一旦占据脑海，会严重影响你的正常发挥，导致恶性循环。

“缺少准备”是第三个原因。与领导、上级交往时，没有做好充分的准备。简单说就是心里没底。因为没有应对之道，只能走一步看一步，心里没着落。好多人在没有准备的情况下走进领导的办公室时，就会不自觉地带着紧张、不安的情绪。

我们现在面对权威人士时表现出来的态度，取决于我们孩童时期面对第一个也是最强大的权威形象时获得的体验。而这个权威形象可能是我们的父亲或其他长辈。

当我们还带着孩童时期遗留下来的权威恐惧症，与领导、上级面对面时，很多人难以消除那种如坐针毡的被指责感、紧张感，或者带着一副希望能获得表扬的奉承脸色。

不管是愤怒、反抗还是祈求赞赏，这些情绪都不应该出现在职场当中。我们要明白，我们已经不是那个弱小无力、只能依赖父母的孩子，而是一个可以为自己负责、可以给自己力量的成年人，一个职场人。

了解了“权威恐惧症”的产生原因，再谈如何控制“权威恐惧症”就显得很简单了。

心态的调整最重要。遇到领导、上司、专家或是比自己强的人，适当表示尊重是正常的，这是职场的基本礼仪。在把握好“度”的前提下，需要客观、理性地应对“权威恐惧症”。

第一，端正心态。你的心态很重要，应当是以主人翁的身份，本着从大局出发的本心，一切为了更好地推动工作的开展，而不是想着“抓住机会展示自己”，从而患得患失。

如果你有求于对方，这种需求是导致紧张、焦虑、动作变形的直接原因。有句俗语说得好，“无欲则刚”，如果做不到“无欲”，那“刚”确实是有难度的。我们需要承认并客观面对这种正常心理需求，不然见到上级、领导就满脸堆笑，唯唯诺诺，会让对方心里更不舒服。

上级和下级，更多是分工不同，大家在人格上是平等的，不存在依附关系。只有保持平等的心态，才能获得别人的尊重。

具有良好的合作态度，这才是管理者认定的能够出色完成工作的基本素质。一个合格的汇报人在面对权威人士时不会感觉不安，也没有祈求赞赏的需求。他们能够较好地控制住自己，不受外部的影响。他们能够以很好的合作态度与管理者共同处理公司问题。

不要把自己当成会议的主角，你能够在会议室中做汇报，是因为你有一些他们在决策过程中需要用到的东西。所以，不要因为没有得到你期望中的赞扬就觉得自己受到了伤害。

第二，别想太多。领导、上级对下属的评价，绝非只通过一次简单的汇报、谈话、材料等来评判的，而应该是长期的、综合性的判断。无限放大一次与对方接触的后果，是庸人自扰。

见面的时候，首先要换位思考，领导愿意花时间见我肯定是有所期待的。什么事情是他感兴趣的，什么信息对他是有价值的，他希望我采取什么行动？先设身处地为对方着想，然后什么该说，什么不该说，什么应该重点铺陈，什么需要一笔带过，就自然清楚了。

人的思维模式是管状的，注意力都聚焦在自己最关心的事情上，只有谈话的内容在对方关注的范围里，对方才有兴趣跟你深谈。职场新手常犯的错误是：好不容易见到高层，抓紧时间宣传自己的产品，表现自己的能耐，生怕错失了机会。殊不知，看着你刻意钻营的样子，对方实在难以提起多大的兴趣。

汇报人的工作就是向管理者提供信息，列举一些可选择项。有时候可能会提出一些要求……然后转身离开。你不是去跟他们称兄道弟或者接受他们赞扬的。一场汇报不是什么个人发展的机遇，也不是让你混个脸熟的地方。你只是去完成你的工作，而你的工作就是提供有效信息，帮助管理者做出最佳决策。

第三，充分准备。职场上与领导、上级交往应对得好不好，绝非只是能力之说。应对得好坏的实质是准备得充分与否。这种准备与平时的业务能力积累、语言表达能力、人际关系处理的情况，都有着莫大的关系。总之，应对得当与否，是个人综合素质的体现，与其患得患失、紧张焦虑，不如俯下身来、静下心来，好好练练内功。

当你要面对管理层汇报时，请先思考一下自己的态度。如果你习惯对权威人士表现出太多需求感或者太多不满，那么请先调整自己。

◑ 讲故事？你走错地方了

你或许已经听过许多关于公开演讲的建议——震撼性的开场白、有力的眼神接触、夸张的肢体语言、讲故事、丰富的多媒体资料，等等。这些都是不错的建议。

实际上，这些在公开演讲时非常有效果，但在参加充满时间压力的管理层会议时，却会摇身一变成为你的职业生涯杀手。

很多讲沟通或者是演讲技巧的书籍都会告诉人们要以讲故事的方式开始你的汇报或演说，但在实际的商务环境中，如果你以讲故事的方式来汇报工作，我可以肯定地说：你走错地方了。

毕竟，商务或工作相关的汇报，特别是对领导和上级的汇报，要求精准、“短平快”，没有时间让你长篇大论。

你要汇报的工作，虽然对你来说是件大事儿，但是你的汇报只占上级极其繁忙的日程表上很小的一部分。比起你的汇报，你的上司有更多、更重要的事情要去关注，很多时候他们可能要同时处理10个到20个不同的信息。

所以，你会发现很多时候，你的领导根本没有时间对你说“嗨，小王，周末过得怎么样？你家里人都还好吧？”这些客套话。

更多时候，汇报开场白是：“长话短说，10分钟后还有另外一场会议等着我。”

你的上级没有时间闲聊，所以要直奔主题，就像我曾经的一个领导说的那样："我不需要听你的人生故事。我想知道的是你需要解决的是什么问题，需要我协助什么。我每一天的日程都排得满满的。因为我的职位和角色，一天要接触10个毫不相关的议题。为了节省你我的时间，你开场第一件事就是讲明主题，并且说明你希望的结果。"

◑ 没人会抱怨你汇报的时间太短

我听过管理者们关于汇报最多的抱怨就是拖沓、啰唆、没有重点，从来没有人会因为对方的汇报时间太短而抱怨。

跟上级说话要开门见山，直指问题，不要绕弯子、旁敲侧击，更不要让别人猜你的意图。你的上级没有那么多的时间，也没有兴趣去猜你的心思。

他们想要一开始就知道你的建议和想法，并且希望你用数据而不是故事来支持你的建议。我和很多不同层级、不同企业类型的管理者沟通过，从大企业到小公司，从生物制药公司到金融科技公司，他们对于汇报的观点都非常一致：请开门见山，直奔主题！

- 我喜欢汇报人先给我结论，再叙述原因。我不喜欢絮絮叨叨的长篇大论。
- 他太喜欢讲故事了。上来就是讲天气，讲他的旅程，讲他早餐吃了什么，与此同时，我还有一堆重要而紧急的事情等着要处理。身为管理者，我每天都有接连不断、数不清的决策需要完成。我不仅是在处理我面前这个人带来的问题，我还同时在处理其他至少50项信息——而这些信息全部处在紧要关头。所以，我的要求仅仅是赶快告诉我你的诉求是什么，你需要我做什么。

● 有些人觉得他们需要告诉我关于他们的所有事情，这样我才会明白他们有多么重要。他们从讲人类诞生的故事开始，讲了好久才回到21世纪。拜托，我根本没时间听这个。请直奔主题！

● 我的确想让他们感觉舒服自在一些，但是他们的故事讲起来就没完。今天早些时候就有人来找我谈事情，而我在半个小时之内就问了六七次“你认为我怎么做才能帮到你？”但他就是无法直接说出重点。

我见过的最好的汇报是，一上来就说明目的是什么（或者为什么要开这个会议，类似的话），问题或者议题是什么，可行的解决方案是什么，当上级想要了解更多细节的时候，再阐述原因，展示辅助文档。对方只有先了解了你的核心信息，才能理解你汇报中其他的内容。

所以，请记住：

● 用最关键的内容开场；

● 用最核心的内容展开；

- 用最重要的内容结束。

不能直奔主题的汇报就是在浪费时间。

一旦目的、背景、预期的会议长度都说清楚了，就应该迅速地表明你的具体目标是什么，你希望获得的帮助是什么，你要求的资金是多少，把这些都简短爽快地一口气说出来，比如这样："今天我想申请10万元作为'双十一'新产品营销推广的启动资金。"这样说不仅可以节省时间，还可以让领导从一开始就把关注点聚焦在你的话题上。

直接点明核心内容，把你的结论放在最前面讲。

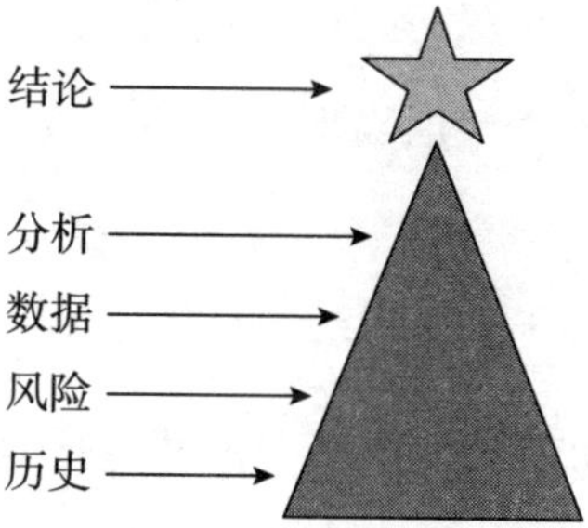

图3-1　"高效汇报"模式

领导每天都会听到无数的要求和申请。你是在与很多其他重要的项目竞争资源。那么，如何让你的请求顺利达成呢？一个方法就是估算你的投资回报率，并且一开场就公布这个数字。

所以一开场你所做的核心信息展示应该包括所有关键指标：投资需要多少，回报又能有多少。

在准备汇报时，你要问自己以下这些问题。

- 这点对阐述我的核心内容有什么帮助吗？
- 这个对我们的业务有什么影响吗？
- 我们能否得到更多资源？

换位思考一下，如果你是个管理者，你会关心什么，你最关注的是什么？然后把这些问题的答案在你的汇报中简明扼要地呈现出来。具体细节只作为后备资料，只有必要时才会使用。

互动与交流是必需的，因为汇报不是单向的信息流动，汇报是一种沟通，沟通需要双向的信息流动，这种流动包括显性的一问一答、彼此对谈，也包括隐形的信息交互——对对方疑问的关注和回应。

◑ 如何为每一次汇报做足准备

你以为汇报只需要做几张演示文稿（PPT）串起来讲一讲就可以了，但实际上，向管理层的汇报需要你做大量的事前准备，其中就包括你的汇报内容。

在今天这种变化极快的大环境下，每天都有很多新事情出现，每个人都需要在同一时间内处理多个问题——你的会前工作做得越好，你就能把自己与关心这些问题的高管联系得越紧密，那么你的汇报也就会越顺利。

什么事情都没准备的汇报，不叫汇报，只能说是“信口开河”，容易引发对方的不信任。

由于事先没有做好汇报准备，薇薇吃了很大的苦头。

薇薇是一家科技公司的培训和发展部经理。当时，她想为部门的行政专员培养计划增加一个工作室，为此需要获得公司领导的支持。薇薇得到了一个宝贵的汇报机会，她直接面对的是罗琳——公司的副总裁。

当薇薇展示自己的计划蓝图时，罗琳表示了对该计划的赞成，并想更加深入地了解。罗琳问她：“你咨询过那些将来要执行这个计划的成员部门的意见了吗？”

薇薇的回答是“没有”。

罗琳回应道：“你需要先咨询他们的意见，获得他们的同意和支持，然后我们才能继续下一步。如果你已经和那些会受到你的计划影响的人谈过，并且直接把他们的问题都摊开来讲，这样对我来说决策过程会简单容易得多。”

会议到这里就结束了。

如果你走进会议室，希望领导做一项涉及100万元的资金决策，但是你却没有和那些未来计划的执行者谈过，你怎么可能得到上司对项目的批准？

有效的汇报要进行以下准备。

第一点：分析你的听众

由于背负着诸多的希望和责任，汇报人向管理层汇报前要进行非常仔细的思考、规划才可以。一个管理团队就是一些人的组合，如果你想让他们批准你的计划，就需要了解这些人。

你需要分析你的听众：他们是喜欢定性信息还是定量信息？你在会议前能够与谁会面？谁有可能支持你的计划，谁又有可能反对？

考虑到你身上背负的责任，你更需要认真对待这些问题。你的首要责任就是去了解那些你即将面对及汇报的管理层。

很多人是通过艰难的方式才学习到这一课的。小林回忆起了他第一次向管理层汇报的过程。

那是我这辈子参加过的最可怕的会议了。在会议中我表现得十分糟糕，我完全被击垮了，而原因就在于我把整个周末都用在了准备汇报内容上。

在汇报的过程中，我完全按照自己准备好的材料“自说自话”，而没有充分考虑和关注到他们的所思所想。我应该花更多的时间，思考我将会和谁对话，以及他们期望的是什么。

你无法达成你的目标，除非你从根本上理解你的听众，先了解他们想要达成的目标是什么。在会议前发生的事情比会议中发生的事情重要得多。当你走进会议室时，你应该已经了解谁会支持你而谁会反对你才对。

人们在能力上的巨大差别，就体现在制造和展示影响力的能力。有一些人，他们本身在职场超过10年，听过数百场的汇报，但他们还是无法很好地进行汇报和演讲。这样的场景我们随时随地都可以看到：他们的汇报没有核心观点，过度依赖幻灯片，只是单调地叙述汇报内容，自说自话，与听众毫无互动沟通。

在获取信息的形式上，人们有各自不同的喜好。有些人喜欢幽默的风格，有些人则只想得到关键信息；一些人喜欢高度提炼的概要，另一些则喜欢确切的数字。所以这两种方式你都要准备好，这很重要。

可以思考一下如何用不同的表达方式来描述同一个信息：直方图、饼状图、电子表格、照片，或者一个使用简短客户案例的总结也不错。当你用不同的方法汇报同一数据时，你能够满足会议室中不同的思维模式需求。

第二点：找到你的教练

一位教练能给你更详细的指导。教练可以告诉你管理者会如何反应，而你又能从他们那里获得些什么，因为这些教练已经经历过无数次这样的会议。此外，他们会告诉你，你会遇到什么样的问题，会出现什么样的突发情况，如转换话题或者时间缩减。

当你做好准备之后，在你的教练面前大声排练一次你的汇报。大声排练会帮助你准备好应对这些状况。

一次全面的彩排能够让你在实战中拥有更好的感觉，同时这些了解会议情况的人还可以帮助你练习如何处理尖锐的问题，如何处理复杂多变的状况。

小俊曾经是某IT公司的工程部经理，负责过很多产品项目。有一次，他需要向总部的管理层汇报，但这是他以前从没做过的事情，他的确有点害怕和紧张的感觉，因为在他和那些管理者之间隔了7个管理层级。

在汇报之前，小俊找了两位经验丰富的经理，提前把他的汇报内容演练了一次。在这个过程中，他们提了很多宝贵的信息和意见，小俊修改了汇报整体框架两次到三次。

汇报的那天，一切都进行得非常顺利，那是一场十分出色的汇报。

第三点：明确汇报特点

在管理层会议中，你的汇报最不需要的就是各种花里胡哨的修饰，比如飞来飞去的幻灯片特效、页面上过多过炫的色块搭配等。管理者希望你的信息传达能够快速、清晰、简洁，这样他们才能以最快的速度做出决定。当你面对管理者的时候，你需要忘掉你学过的大部分的公开演讲内容。

参加管理层会议的听众都非常有特点：专业、高效、时间紧迫，这就意味着你的汇报内容、汇报风格、观众互动等方面都会与标准的汇报演讲有很大的不同。

表3-1 各种汇报的对比

类型	听众	听众关注度	故事VS数据	幽默感	时间
演讲	社区、社团、专业组织	一般	大量的故事	必须幽默	自己支配
普通汇报	同级别同事、下属团队	一般偏低	故事与数据都有	可能会出现	时间弹性大
管理层汇报	管理层	高关注、高压力	数据及严密的逻辑	幽默很危险	不确定，一般都很短，不完全由你支配

有一次，新同事少杰做一个专题工作的汇报，一开场就是夸张的语调和表情，大家都尴尬得起了一身鸡皮疙瘩。看着他自我陶醉地讲故事，我忍不住打断他："少杰，直接说你的结论。这是工作汇报，你不用演讲，也不用讲故事。"

少杰红着脸说："领导，我想先引起大家的关注。"

这不是多此一举吗？管理者的时间那么宝贵，如果不关注这个议题，怎么会坐在一起开会呢？你一上来就是浮夸的演讲，不知道的还以为你在演戏呢。大家这么忙，哪有闲工夫听你讲故事，你的核心观点到底是什么？

第四点：恰当的汇报结构

表3-2的这个汇报结构模型能够帮助你保持汇报的简洁并用数据支持你的观点，最后步骤清晰地完成收尾工作。如果你按照这个模型步骤来汇报，那么你的汇报将引起管理者的共鸣。

表3-2　汇报结构模型

开场	介绍背景，确认会议主题	
	核心信息（目标、要求、解决方案）	
	投资回报率、价值	
要点	要点1	要点2
	论据（事实和数据）	论据（事实和数据）
收尾	总结要点和讨论内容	
	重复核心信息	
	重复价值、收益	
	结束	

议题要点是你汇报的核心，是你逻辑论证的主体。在向管理者汇报时，你的议题要点必须有数据支持——具体来说，是精准、确凿的数据。对这些数字你需要检查再检查，绝对不能出错。如果你的数据出了问题，那么你的结论也很难有说服力。

主题、开场白、核心信息以及议题要点就可以覆盖绝大部分汇报内容，不过，很多汇报者喜欢用特定问题和解决方案来填充自己的汇报。实际上管理者关心的问题是这些：增加什么、减少什么、风险是什么。

- 如何扩大客户群
- 如何增加高效/合理的工作流程
- 如何增加市场份额
- 如何增加净利润/营业收入（最高关注点）
- 如何减少成本
- 如何管控风险
- 如何进行进入市场的准备
- 这个方案可能存在什么风险
- 如何管控风险

如果你的汇报跟上面的某一项有关联，那么你和管理者就有共同语言了。

◑ 一不小心，你的PPT[①]就成了灾难

进行汇报时往往重担在肩，你除了做好应有的准备，还必须要准备好应对一切可能出现的意外状况。这意味着你必须有很强的应变能力。如果你一丝不苟地按照精心预演的剧本进行汇报，

① 即PowerPoint，指演示文稿。

那结果很可能会失败。管理层面对的是整个公司瞬息万变的情况。可能在你进入会议室前的一分钟里，他们还在为财务状况、生产能力或者质量控制而忧心忡忡。

嘉明为某线上卖家社区制定了一项新政策，当他步入公司管理层会议室时，目标是得到公司高层对新政策的批准。在开始介绍项目历史时，他看起来相当自信，但是高管们却变得坐立不安。他们并没有掩饰自己的失望，其中一位说道："嘉明，你这故事要扯到哪里去，你们团队要做的到底是什么？我们只有5分钟的时间，所以请只讲必要的内容。"

但是嘉明对此却毫无意识，他回答道："我有7页PPT展示给大家。我们的团队为此付出了辛勤的工作，其中一页有着非常棒的视觉效果。大家关心的问题，里面都会有答案的。"此时，那位高管被激怒了，更为强硬地说道："嘉明，你到底想从我们这里得到什么支持？你想要我们在看完这7页PPT之后就立刻给你一个决定吗？"

嘉明选择无视他，继续展示他的PPT——这可真是大错特错。

"为什么你不给我们一个项目概要让我们好好看看呢。"第二名高管说道。

"我还不明白问题是什么呢。"第三名高管抱怨道。

嘉明又开始讲述一个背景小故事，试图以此来挽回局面。但是他得到的是更为严厉的批评。"你还是顺着你的流程不变啊。

先说问题，有时间再看你的PPT。”

不幸的是，嘉明已经没有时间了。一位高管好像已经受够了，他表示还有另外一场会议要出席，便离开了。

会议结束后，嘉明终于反应过来问题所在。

当我第一次被打断的时候，我认为这只是个别人的不满。我想有条不紊地展示完我的PPT：第一页，第二页，第三页……但是他们无情地阻止了我。我的目标是让项目计划得到批准。不过我并没有在限定时间内传达完信息，这无疑会对我和我的团队产生一定的影响。这就好像我的队伍把球送到了我脚边，我却在射门的那一刻失败了一样。

如果会议日程上给你的时间是半小时，那么你准备汇报时要控制在10—15分钟。你的汇报不可能占用所有时间，因为在此过程中，会有各种意外和问题。

所以，你的汇报时长一定要保持弹性，准备不同时长的汇报版本，以备不时之需。在你走进会议室大门之前，你就应该思考过这个问题——如果我只能展示3张PPT，那么是哪3张？

很明显嘉明并没有做好准备。当高管们告诉他缩短汇报时间时，他应当立即调整自己的汇报内容。嘉明应该做的是，有一个按照原定时间长度准备的汇报，同时还有一个5分钟的简短版本，只阐述最核心的内容。

嘉明最主要的任务是向高管们表述清楚自己的需求和目标，然后回应高管们提出的问题。当高管们因为时间问题而注意力涣散时，他应该扔掉自己的PPT，直接开始“电梯游说”。

◑ 人人都该学会的“电梯游说”

在今天的职场中，“电梯游说”是一种十分重要的沟通工具。

“电梯游说”，原指在乘电梯的30秒到2分钟之内通过对产品、服务、机构及其价值主张进行简短的介绍，来向风险投资家和天使投资者推销自己的生意理念、筹备资金。

如果不能把你的策略或者主题缩减到只剩几句并能在电梯升降10层楼的时间内说清楚的话，那说明你自己对这个主题没有清晰的想法，你根本就没有简洁明了、可以让人关注的核心信息。

你可以为你每一个汇报都准备一份“电梯游说”版本，可以参考如下的“电梯游说”的结构框架（PREP）。

- Position，观点（核心信息）

用一句话解释你想从对方那里得到的东西以及能给对方的投资回报。

- Reason，理由

简短解释一下为什么你的观点对公司来说是如此重要。

- Evidence，证据

能够支持你观点的例子或者证据之一。

- Position，观点（核心信息）

重申你的请求。

“电梯游说”的特点，概括起来就是：

1. 列出你信息中的关键元素；

2. 高度提炼总结；

3. 给对方一个清晰且让人无法抗拒的理由；

4. 把注意力集中在价值和收益上。

◑ 离开PPT，你能讲得更好

在得到了高管们的建议之后，嘉明认识到他需要更强的应变能力用来应对管理层会议的时间限制。在第二次汇报中，他直奔主题，毫不拖泥带水地完成汇报，提出他的请求并且得到了批准。然后会议顺利进入下一个议题。

嘉明反馈道：“当我第二次进入会议室的时候，我准备了一个1分钟的汇报版本、一个10分钟的汇报版本和一个4分钟的汇报版本。我可以从PPT的第1页开始讲、第7页开始讲，第2页也可以，一页PPT都不用也没问题。我已经准备好应对一切可能出现的问题。”

要避免陷入时间不确定的陷阱，你需要做以下几项准备。

- 事先意识到你会遇到时间缩短的问题
- 十分清楚你参加这场会议的目标以及你的核心内容
- 为你的汇报准备一个极其简短的版本
- 准备进行一场“电梯游说”
- 选择3张最能传达你信息的幻灯片
- 随时准备好扔掉你的讲演稿，直接进入核心内容

时间的不确定性是汇报中经常会遇到的问题，可能是因为前一个议题拖延了时间，也可能是管理者临时有事，做好充足的准备，足以让你有效地规避这个陷阱。

对某些人来说，PPT就好像是衣服，有些人在汇报时没有了PPT就像没穿衣服一样难受。

有的汇报人好像只是个PPT阅读器，只专心于演示和朗读PPT内容，这无疑会大大限制他的职业发展。PPT是支持你汇报要点和内容的工具，而不能成为你汇报的唯一。

如果离开了PPT就不知道该说什么，那你注定很难有一个成功的汇报。因为人们无法相信一个讲话不能脱离PPT的汇报人能够对议题有着深刻的理解。

这些管理者想听到的是讨论和观点，是你对问题的理解，而不是听到PPT展示内容的复述。布布向我讲述了过度依赖电脑和

PPT的危险。

我是三人汇报小组的一员。我的上一个汇报人正在讲话时，他的电脑崩溃了，这情况让他面如死灰。他的所有内容和台词都保存在他的PPT文档里，没有电脑他什么都干不了。

听众们看着他“汗流满面”——是真的汗流满面，细小的汗珠一滴滴地掉落在他的电脑上——但是他无论怎么尝试都无法让电脑重新工作。最后他稍微总结了一下就草草收场了，议题当然没有通过。

布布那时已经可以在没有PPT的情况下完成汇报。对此，她建议道：“永远不要把自己置于没有了PPT就无法汇报的境地。深入了解你的汇报内容，你可以不需要PPT的辅助。”

◑ 到底什么事情该向领导汇报

对于管理者来说，最让人心焦的就是无法掌握各项工作的进度，如果没有得到反馈，以后就不会再把重要的工作交给这样的员工了。所以，虽然只是一个简单的汇报，却能让你得到管理者的肯定。

有一次，我叫了办事员阿豪聊天，询问他最近工作情况如何，有没有什么困难。阿豪很苦恼地说："每次遇到困难找主管汇报工作，总是被批评。可能主管心情不好吧，也不知道以后该怎么沟通了。"

"哦，那你平时和主管都沟通什么呢？"我追问道。

"主管平时很忙呀，我一般都不会找他汇报工作的，不想打扰他，只有遇到自己搞不定的事情时，才会去汇报。"阿豪委屈地说。

随后，我找到主管了解情况，主管一脸无奈地说："唉，阿豪的工作主动性太差了，平时不汇报工作，每次安排的工作都不知道后续执行情况怎么样。最喜欢说的就是这个困难那个困难，交代他做的事情往往没有下文。"

看到了吗？你觉得是在为主管分忧，能不汇报的尽量不去汇报，实际上是非常错误的。公司是一张网，当他人在网络协同过程中发起某一事情或工作时，在一定时间内，不管执行者是否完成以及完成效果如何，都要认真地将结果反馈给发起者。尤其是面向上级时，如果上级交代了一件事，下属不仅要尽力去完成，还要在最后，不管完成的质量如何，在约定时间内给上级一个反馈。有始有终有反馈，这就是闭环。

作为管理者，上司当然是十分关心下属工作动态的，同时下属也需要接受上司的帮助和指导，所以让上司知道自己在干什么、进度如何、遇到了什么问题等是十分有必要的。上司和下属虽然常常在一个办公区，但因为彼此的职责不同，都在忙着自己的事情，所以交流的时间其实很少，互相可能也并不知道对方具体的工作内容。

让上司知道你在干什么，也是对你自身的一种帮助，因为管理者往往比下属更具有职业经验，更了解某些风险，及时地让他了解你在做的事情，进行到了哪一步，他才能帮助你避开风险，或者给你一些帮助和建议，你会比自我摸索更快速地成长。

既然汇报工作如此重要，究竟在哪些境况下必须汇报工作呢？

第一，在做好工作计划后，立即向上司简要汇报工作计划，可以避免大方向上出现问题。这样不但可以让领导了解计划内容，领导还可以审时度势，从大局出发指出整个计划的问题所在，提前做出有益、有效的调整，避免你在工作开始后做无用功。

第二，当工作出现意外时，要及时汇报，寻求领导的支持和帮助。通常来说，我不建议大家隐瞒意外，及时汇报意料之外的情况，可以防止不利局面扩大，避免最终导致无可挽回的错误。

第三，事情完成后及时让领导知道工作结果。最好能向领导汇报整个活动的来龙去脉，如果来不及，简单说一声“完成”也是可以的。因为你把完成结果及时告诉领导，可以让领导尽快放心，塑造一种值得信赖的职场形象。这么做还有利于领导授权你更重要的任务和工作。

汇报要简明扼要，不拖泥带水。领导听取工作汇报的出发点，是获知和审视工作的进度和结果，并据此进行工作评价，以便进行后续工作的安排和应对策略。所以，我们的汇报不要“拖泥带水”，说明达到了怎样的工作结果，过程中遇到了什么困难，困难是否已经克服，可能还存在哪些隐患就可以了。

如果什么都不让上司知道，彼此之间就会缺乏沟通，上司不清楚工作因何拖延，下属也觉得自己不被理解，同时也不能得到上司的指导和帮助。千万别觉得这是在被公司监控，也不要害怕上司挑出你的毛病，因为批评你并不是上司的目的，他只是想让工作顺利地完成，也想让员工在工作中得到成长。这些批评和指导在很多时候决定着一名员工能否快速地进步并独当一面，所以工作有问题一定要及时找上司汇报、沟通，以免错过最佳时机。

◑ 关键时刻，怎样汇报坏消息

在职场中，有一类非常让人抓狂但又不可避免的情景，那就是：把事情搞砸以后，怎么向管理者汇报？

在工作中，我们经常会向管理者做出一些承诺，比如创利指标、要完成的某个项目、推出一款新产品等。做出承诺后，我们当然希望一切都能像预期的那样，顺顺利利地完成，这样管理者也会觉得我们是办事靠谱、能力出众的人。

可在实际工作中，经常会因为一些突发状况，导致事情的发展超出预期，那么当事情搞砸时，该怎么去汇报，并最终挽回管理者对自己的信任呢？

有很多人是极其不愿意跟老板谈“坏消息”的，比如工作中出现的问题、达不成业绩指标、项目无法按预期推进等。因为很多人的认知是：管理者应该只喜欢或信任那些工作中不会犯错的人，因此为了给管理者留个好印象，加深和管理者的信任关系，就拼命地掩盖工作中出现的问题，能不讲的绝对不讲，就算是非讲不可的，也会半遮半掩或者花里胡哨地粉饰一番之后，才拐弯抹角地讲出来。

结果不但没有博得管理者的信任，反而让管理者对你的诚信产生了怀疑。那么正确的做法应该是怎样的呢？

及时汇报

一定要及时汇报。好消息可以慢慢说，但是坏消息一定要第一时间说。你最不想发生的事情，就是在你告诉管理者这个消息之前已经被管理者发现了，或者是其他人告诉了管理者。

怎样算“及时”呢？虽然很难有明确的时间界定，但基本可以这样说：如果你是责任人，你就要第一个告诉管理者发生了什么。

当事情的发展出现意外时，你必须立刻进行判断：这个问题可以在我的能力范围内解决吗？这个意外会影响最初设定的结果吗？还需要其他人的支持吗？

如果事态到目前为止还基本可控，而且你已经采取了积极有效的措施，事情正在往好的方向发展，那么这时你的汇报内容就应该是：通报进展+解释原因+倾听管理者的意见。

有些人在这种状况下，容易犯的一个错误就是：既然事情在可控范围内，就不用报告了吧。错！特别是一些重要的项目，管理者关注的不只是结果，过程中的重要变化也要及时地进行信息同步，一方面可以让管理者知道你具备灵活处理突发状况的能力，另一方面也可以避免不必要的信息误传，这对于你今后的工作推进能起到很重要的作用。

如果事情的发展已经超出了你的可控范围，原有的预期已经受到很大影响，基本无法实现，那么这时你的正确做法就是：通报进展+解释原因+拿出新的解决方案+倾听管理者的意见。

勇于担责

汇报时，一定要诚实客观地讲述事实，千万不要隐瞒事情搞砸的原因。因为如果你不能一开始就把这件事讲清楚，并被管理者理解和接受，那么后面的步骤你根本就进行不下去。管理者可能会在问题的原因上和你纠缠不清，所以勇于担责这一点非常重要！

主动担责，不诿过于人。如果是因为你自己的过失造成的意外状况，你一定要如实地承认自己的过错，不能推卸给别人。关键时刻见人品，犯错并不可怕，可怕的是你没有担当，不敢承认失败、没有诚信。事情搞砸了，可以重新来过；但如果你被管理者发现人品有问题，那就很难再有机会了。

讲事实的全部。事情搞砸了，面对暴跳如雷的管理者，因为担心被问责，于是就各种粉饰，或者只讲部分事实，这对你没有任何好处，并且会因为信息的不对称而影响后续的处理。最合适的方式就是，把你知道的所有情况如实告诉管理者，只有在信息充分对称的情况下，大家对后续的处理才能更好地达成共识。如果你假装没有问题发生，那么你自然也无法讨论解决方案。

事情到了这一步，你一定要明白这样一个道理：人人都会犯错，但是不知道从错误中吸取教训，不懂得自我学习和自我提升，这些才是影响管理者对你的信任的关键！

使用严谨、理性的表达方法

怎样才算严谨理性呢？送大家10个字："避免绝对化，对事不对人。"

读书的时候估计很多老师都跟大家说过"在选项里出现绝对化的表述，那么这个选项就要格外小心，它很可能是错的"。为人处世也是一样的道理，如果我们对一件事轻易地下绝对结论，那么我们就可能成了说错话的人。

常见的绝对化词语有：绝对、总是、每次、必然等。虽然结果很可能会跟着我们的判断来走，但即便你对了，领导也会觉得你这个人比较武断、草率。而一旦你判断失误了，这个感觉就会被强化。

"对事不对人"是我们职场语言中的一个关键。为什么我们要避免针对人（即使用人格化语言，如“某某就是个混蛋”“他们不行”“某某心眼儿太小”）呢？这就涉及人的情绪了，当我们表达出人格化语言的时候，聆听者容易认为你带有情绪，对你的信任度会降低。

而且，聆听者本身可能和你汇报的这个人有利益或者认同感。当你出现情绪化表达的时候，聆听者的抗拒心理也会被激发，这时候，你的汇报效果就会大打折扣。所以我们汇报工作的时候可以对事，但不能对人，你可以说“在这个项目上他们没有做好”“某某提出的这个设想失败了”，请注意，这些表述中，最终的核心都是事情，而不是做这些事情的人。

制订补救方案

问题已然发生，那就赶快修改原方案，或者寻找替代方案。在提供新方案时，请注意以下3点。

第一，尽量让管理者做选择题，而非填空题。也就是说，最好给出备选方案。你绝对不可以在没有解决方案的情况下传达坏消息。

第二，无论哪种方案，都需要将它们的优劣势客观全面地讲清楚。你可以表达自己的倾向性，但是绝不能选择性地收集信息和数据，以影响和欺骗自己的管理者去接受对你有利的方案。无论哪种方案，都要始终围绕着管理者的核心目标这个基本点，绝不能在这件事情上含糊！

第三，就新方案和管理者达成新的共识，然后立刻采取行动。

这样一来，就算出现潜在的危机，你也不会手足无措，而且最关键的是，不会让管理者觉得你是个言而无信的人，因为你已经提前告知了可能出现的各种状况，并准备好了预案，换种说法，就是给管理者设一个“合适”的期望值，这样，当事情出现偏差时，你的管理者就不会感到意外或失望，更不会问责你了。

没有人喜欢坏消息，尤其是财务和法律问题上的坏消息。所以，你传达坏消息的方式至关重要。如果你有坏消息要告诉老板，可以参考以下步骤：

- 开门见山地把坏消息说出来；
- 如实解释为什么会发生这种情况；
- 说明你计划的补救措施；
- 给出多种解决方案，让管理者做选择题。

按照上述步骤进行，用积极主动的心态对待问题，巧妙地和管理者沟通，这是让你渡过难关的关键。

第二部分

为人的艺术

第四章　社交：寻求终生受益的人际

每个人在工作过程中都会建立一些人际关系。然而，你真正需要的不是人脉，而是人脉网——与你需要的人及需要你的人之间，保持牢固的人际关系，彼此了解对方的需求及双方的依存性。

◑ 评估你的人际名单

从职场的长远发展来看，你需要建立至少3个互有关联又不尽相同的人际网络。

- 运作网络：包括在日常工作中会接触的相关人等。我和我的团队目前需要依赖哪些人，哪些人又必须依赖我们，这就是你的运作人脉。
- 策略网络：包括能帮助你为未来做好准备和协助你回答以下问题的人，“我们应该做些什么？”“我们应该去哪儿，怎样才能到达？”我们未来需要依赖哪些人，哪些人又会在未来需要依赖我们，这是你的策略人脉。

● 发展网络：包括能帮助你取得个人成长或提供感情支持的人，这些人或许会与其他网络中的成员有所重叠，但其中应该也会有一些比较特别的人物。

请列出3份名单：一是运作人脉，二是策略人脉，三是发展人脉。在每个名字旁边，写下你们彼此的依存关系。你为什么需要依赖这些人或团队，或是他们为什么需要依赖你？

列名单时，请注意一些常见的陷阱及误区。

不要只想到每天与你见面或一起工作的人。如果你的人际网络没有考虑到未来的需要，你恐怕就想得不够完整。

多样性比人数更重要。你需要一些桥梁，帮助自己与更大的工作环境连接起来，这会让你接触到更宽广的思想和资源。如果你的时间都花在打造亲密而深厚的关系上，你的人际网络恐怕就只局限于和你一起工作的小圈子。

加上对手或竞争者。不要排除那些曾经反对你或没有支持你的人或团体。如果你需要他们或是他们需要你，请把他们放进你的名单中。

别忘了外部资源。你的名单中是否包含了你所在组织以外的人？重要的供货商、客户、顾问或行业团体，其他提供相关服务的人或团体。

接下来，按照名单上的名字逐个问自己：这个关系对我有多重要？以简单的数字1、2、3来表示：1代表“重要”；2代表“很重要”；3代表“非常重要”。

然后，评估这些关系的质量。你们之间是否有足够的互信和彼此合作的意愿？同样地，用简单的数字来表示：1代表“有待加强，有待改善”；2代表“不见得完美，但还算良好”；3代表“关系稳固”。请注意，1代表多种可能：目前尚未建立关系或关系存在但比较薄弱。或许是最近的一次争执让你们对彼此印象不好，因而需要修补关系。在评估关系的质量时，不要只从自己的角度看，还要从对方的角度来评估。

最后，比较这两次评估的结果。看看是否有“重要性”为2或3的关系，但“质量”却只有1，这些就是你最需要加强的地方。从长远来看，每个关系的质量都应该维持在2或3的水平，而且所有重要性为3的关系，质量也都应该达到3的水平。

这个简单的分析可以清楚地显示你的人际质量。你有多少人际关系尚未建立，因而只有1的水平？如果你有许多人际关系都属于这种情况，就表示你必须从头开始，建立新的人际网络。

你也需要特别注意那些双方已有互动，但关系质量只有1的人脉，如果你有一些这样的人际关系，就该问问自己其中是否有相似的原因。这能够帮助你了解自己在同事眼中的形象，或者反思自己与同事打交道的方式。

当你的人际网络及知识不断扩充时，一切就会变得越来越得心应手。认识的人越多，你就越能通过引介认识更多的人。联系他人的能力越强和对组织的了解越来越深入，你随之也成为大家想结交的对象。

不要过于依赖某一个上司或某一个追随者，要学会广泛社交。过于依赖某一个上司的情况屡见不鲜，而当这位上司调到另一个部门或离开公司时，你便会陷入孤立无援的状态。

有时，你也可能会遇到一位过于依赖你的上司，他非常欣赏你的工作能力，不愿意举荐你到其他岗位，这便会限制你的机会和发展空间。

如果你想知道自己是否存在这些问题，可以问问自己：离开你的上司，你是否缺乏一个鲜明独立的身份？其他人会不会质疑你的工作能力？

如果答案是肯定的，那么你便需要突破束缚，扩大自己的人际关系。

◑ 如何寻找你的职场导师

回想一下你成长的那些日子——初中、高中、大学，以及你的第一份工作。是谁一直在帮助你？是谁看到了你的天赋、你的才华、你自己都未发觉的潜力？出现在你脑中的是不是不止一个人？

导师的出现，通常是因为他/她看到了你自己都未发现的能力和潜能。

导师是那个能看到真正的你，看到你的潜力，并且帮助你、激励你，给你一个尽情绽放的机会的人。

同时，导师也能为你提供重要的前景展望，以此帮助你塑造未来。导师可以在你彷徨时为你指明道路，提供更多有效信息。

即使你具备一定的能力，在步入新领域或者在职场晋升的过程中，仍然可能会受挫。如果有一位经验丰富的导师能为你指明道路，那你会少走很多弯路。当然，如果有一位资深人士像伯乐一样识得你这匹千里马，那就再好不过了，但这种事往往可遇不可求。

你的导师不一定非得比你年长，或者跟你处在同一个职业领域。有时候，你从意想不到的渠道学到的东西更多。

在寻找导师的时候，不要想很快就能找到水平最高的导师。如果你刚刚毕业，刚开始工作，你不需要你所在公司的老总做你的导师。

为什么不一开始就选择最好的导师呢？首先，如果你刚刚开始个人成长的话，比你水平高一点点的人就能回答你的问题。他们的答案通常会更实用，因为他们不久前也遇到过同样的问题。其次，职位高的人通常会指导那些即将晋升到高职位的人，所以你更应该找那些愿意帮助你成长，而且水平比你高得不是太多的人作为导师，这样的导师更适合指导你现阶段的成长。随着你不断进步，你可以再去找适合你新的发展阶段的导师。

不要只向级别比自己高的人征求反馈意见。有些最有效的反馈信息来自同事，甚至是下属。这些人与你打交道最多，所以他们反馈的信息也更真实，不要低估他们的反馈信息的重要性。比如，他们能提前告知你，你的哪些领域需要得到发展。他们会比你的上司更早注意到这些领域，由此为你提供绝佳的机会进行调整。

高勇是一家中型企业的经理，他原本有位导师是自己以前的同事。这位导师是一位高级领导者，和高勇在同一个职能部门，曾大力协助他发展。

然而，高勇为自己规划了职场生涯发展路径，他希望在未来2—3年能换到另一个职能部门。他的做法可能会让一些人感到吃惊，不过的确是争取职业发展的好方法：他找到了另一位导师，这位导师比高勇级别低，但他来自高勇想要去的职能部门。

这种指导方式让他得以掌握至关重要的知识，帮助他做好了准备，最终成功地跨入了那个部门。

正如高勇的故事所显示的那样，另一种有效的方法就是征求其他部门同事的反馈信息。这些同事所关注的可能是企业的其他职能，所以也会拥有不同的视角。

这点也适用于寻找导师。你选择的导师必须拥有你希望获得的那些经验。不要只是想着找一位级别更高的导师。能找到公司领导担任导师自然是好，但你必须考虑所得到的反馈信息是否适合自己目前的状况。

寻找那些发展道路与你所追求的职场生涯发展路径相类似的人，或者是寻找那些与你业务职能相关的人，他能为你提供独特的见解，帮助你在岗位上提高效率。这是一条让你脱颖而出的捷径。

刚入职场的时候，同事小亦总能把一些情绪化的问题或复杂的问题轻松妥善地处理好，这一点让我印象很深刻。她会提出问题并给出意见，虽然对方不一定都赞同，但是她总能让别人理解自己这么做的原因。在她身上展现出来的耐心和沉稳，是初入职场的我相当缺乏的东西，这些是我最想从小亦身上学到的东西。

你在寻找导师时不能仅仅希望他能够帮助你谋得另一份工作或提拔你，寻找导师的目的应该是请他们传授智慧和学识，真正重要的就是这些智慧和学识。导师能取得今天的这番成就并非完全靠运气，一路走来肯定有许多的经验和教训，这些都是无价之宝。

企业会发生变化，领导者会有所变动。如果不是向导师学习，而只是利用对方来谋求裙带关系，那么当这人离开公司时，你可能就会因此浪费大量宝贵的时间。

◑ 那些不愉快的经历教会了你什么

在我们的成长过程中，有一种导师值得我们特别关注。他不是以阳光、正面、积极的方式来启发、引导我们，而是以一种负面、消极，甚至破坏性的方式来给我们“上课”——一些惨痛的经历或者是不愉快的体验，从中给予我们启迪和洞察。这种导师，我更喜欢称其为“黑天使”。

什么是“黑天使”呢？

我们的人生总是会经历各种各样的事情，很多的不幸，还有各种幸运。“黑天使”，就是那些给我们带来不幸或者痛苦的人。

很多人在经历痛苦的时候往往在想为什么这样的事情会发生在自己身上，会哭会闹会绝望，很长一段时间无法重新振作起来。而且这些痛苦的事情往往通过不同的人带给我们。

可是大家有没有发现，这些痛苦的事情让我们成长的速度非常快。甚至过去10年、20年、30年，都没有成长的我们，可能经历了那么一件事，就彻底蜕变了。

在将近30岁的时候，史克是一家刚起步的高科技公司的销售部副经理。在一次高层技术说明会上，工程师和科学家们开始了讨论。史克觉得他有必要发表一下自己的意见，可是在他发言开始仅5分钟的时候，总裁艾伦就问道：“你说完了吗？”

虽然意识到情况有些不对，但是史克的自负心理还是让他继续谈论了几分钟。“我那时觉得我是一个天才。”他回忆道。

当他结束讲话时，艾伦盯着他，问道："现在你讲完了吗？"

这时会议室里了解艾伦的人都把自己深陷入座椅中，他们知道接下来会发生什么。

然后，艾伦把自己的脸贴近史克的脸，开始向他怒吼："你一直在夸夸其谈，没有讲到任何关键的信息，你对你所说的事情一点了解都没有。你对客户需求一无所知，你浪费了大家的时间。出去，不了解客户的真实情况，你就别回来。"

史克回忆道："我在公开场合被痛骂了，我感到羞辱至极。"

艾伦之所以能够成为史克的导师，是因为他教授了史克非常重要的一课：没有调查就没有发言权，切实、深入地了解客户的情况才是最关键的，而不是个人的主观想象和猜测。这个"痛的领悟"不仅改变了史克的人生，还改变了他的整个职业生涯，帮助史克开创了他的职业生涯新篇章。

"黑天使"总能让我们快速地了解生命中发生的事情，快速找到我们内心真正想要的东西。最痛苦的时候，往往是我们成长最快的时候，顿悟常常就在一瞬间。

我曾经在某集团的分公司工作过一段时间，当时有一位搭档让人很恼火，就叫他老侯吧。老侯是分公司的元老之一，分公司最大的客户是老侯的哥哥，所以就连分公司总经理也对老侯礼让三分。老侯呢，仗着自己资历深，倚老卖老，听不得不同意见，对员工很刻薄，一副唯我独尊的样子。

有一次，在一个内部业务讨论会上，有人对产品流程提出了优化改进意见，作为管理者的老侯却暴跳如雷，马上起身把员工痛骂了一顿。被骂的员工满面通红，搞得后面发言的人都不敢再提什么意见了，好好的一个讨论会匆匆收场，我在现场都觉得很尴尬。

有时候搭档们提出一点不同的意见，老侯也是各种夹枪带棒的。每次和他一起就让人感觉特别沮丧。

我在自己的职责范围内，尽可能地去关心员工，帮团队解决问题，结果很快就获得了超出预期的认同和欢迎，得到了很多同事的温暖回应和支持，让我在分公司推进的几个项目都进展得很顺利，也让我很有成就感。

事后想起，还多亏了老侯的“助力”。正是因为他对团队的漠不关心，才使得我为团队做出的任何一点努力和关心都会被放大；正是因为他的简单粗暴，才使得我的同理心显得难能可贵；正是因为他的管理风格，才让我“见不贤而内自省也”，不要犯这些低级错误，不断思考如何提升领导力。

◑ 你不够优秀，认识谁都没用

为什么有人愿意做他人的导师？因为一段良好的师徒关系会给人带来意想不到的收获。

“成为导师是我最为享受也最珍视的事情，对于我来说，这是一种职业上的肯定，”某医院的急诊科主任戴老师说，“看着他们成为出色的医生，追求自己的目标和梦想，并且最终实现所愿，我感到很欣慰。我非常享受这个过程，就像抚养自己的孩子一样。因为他们中的一些人会成为下一代的行业领袖或者医学院学生的导师，所以你会感受到自己的努力会为几代人的成长做出贡献。”

说实话，师徒关系中的一部分关乎导师的自我影射，可能是在对方身上看到了自己年轻时的影子：都是同一所学校毕业的校友，都关注环境保护；也可能在对方身上看到了自己的某些缺点，从而很想帮他避免再犯同样的错误……

导师对徒弟的选择基于其外在表现和内在潜力。人们会本能地投资那些才华出众以及能因帮助而真正成长的人。事实上，不是“找个导师你就能变得优秀”，而是“脱颖而出，你才会遇到一位好导师”。

谢丽尔·桑德伯格在《向前一步》[①]一书中提到了一个让人印象深刻的案例。

谢丽尔几年前在一次会议上认识了史宗玮，史宗玮对社交媒体的看法给她留下了深刻印象。此后史宗玮就这个话题进行了深入思考，并撰写了一本书，之后又创立了传媒社交公司，这是一家帮助企业管理其社交媒体形象的软件公司。

① ［美］谢丽尔·桑德伯格：《向前一步》，颜筝等译，中信出版社2014年版。

每次史宗玮联系谢丽尔，她都会提出一些有趣的观点或是她正在思考的问题。史宗玮从没要求过和她“小聚”，自己已有答案的问题她也从来不问。

当谢丽尔离开星巴克董事会时，她给星巴克提供了可以接任自己在董事会席位的社交媒体专家名单，其中就有史宗玮。尽管史宗玮当时只有29岁，但仍接到了星巴克董事会的邀请。

看到了吗？史宗玮足够优秀，才引起了谢丽尔的关注，在和导师的交流过程中，史宗玮情绪积极，准备充分，高效地探讨问题的解决方式，所以谢丽尔愿意花时间做她的导师，并且对她的职业发展提供了重要的推介。

很多年轻人初入职场，就急吼吼地想要表现自己，以为找到一位好的导师就找到了捷径，在晋升上就可以万事大吉了。我们经常可以看到，有些人处心积虑地加了高管的微信，除了表达“仰慕”“崇拜”之外，对工作、对业务没有深入的思考和有洞见的观点，反而更快暴露了自己的不足，这样换来的只会是别人的不屑和无视。

还有一些人知道导师喜欢读书，就假装积极地请教，让导师列书单，但只是装装样子，并没有按照书单买来阅读，下一次再谈话沟通的时候，就很容易露馅，让自己的形象大打折扣。

导师们都是职场的行家里手，很容易识别你的发心和动机，一个装模作样、只想走捷径的人，没有人会愿意做你的导师。

“如果命运是一条孤独的河流，谁会是你灵魂的摆渡人？”这是小说《摆渡人》里的一句话，也是一个值得深思的灵魂叩问。什么是摆渡人？顾名思义，就是在码头摆渡的船夫，用船将河岸这边的人送到河对岸。

搞懂了什么是摆渡人，人生的摆渡人自然也就不难理解了，往往是指生命中出现的那些帮助我们渡过难关的人。没有人不希望生命中能多遇到几个摆渡人。可一个人足够成熟的话，就会明白，很多事，可遇不可求，人生中最好的摆渡人，往往是我们自己。

◑ 你刻意讨好别人的样子并不是你

应该如何让身边的同事认可你的价值，并尊重和接纳你呢？

很多不了解职场的新人可能会这么说：“这还不简单，要想让身边的同事接受我、重视我，那么最主要的就是要让大伙喜欢我！只要做到了这一点，与同事之间和谐、信任的关系自然就有了，还不会让他们觉得奇怪。”

这种幼稚的想法通常出现在初入职场的新人或是刚刚坐到管理岗位的新主管身上。这是因为他们把问题搞混了：与大家打成一片，不等于在职场里有影响力和个人价值。职场不是过家家，不需要人人都说你好。职场生存是一个讲求效率和效能、以追求最大商业回报为目的的组织游戏，除了个人品质、情感因素，能否获得别人的认可与尊重，能否给他人创造价值、给组织带来利益才是最需要考量的因素。

成年人的社交关系中，对方会如何看待一个人、如何对待一个人，从本质上来讲，与这个人有多大价值有很大关联。你有足够的价值，别人才会尊重你。

当然，我并不是说和大家处好关系不重要，而是想让你明白：职场关系的核心是利益和价值，只有想清楚了这一点，才能让自己在和外部世界发生互动交流时，始终把重心放在能否帮助别人、能否给别人创造价值和效益上，而不是一味地讨好别人，取悦同事，让人人都说你好。

珊珊是一个热情活泼的姑娘，平时喜欢在家做一些小点心，隔三岔五地拿回办公室给同事们品尝，又喜欢帮助别人，只要同事开口就帮忙取个快递、拿个资料……哪怕她自己很忙，也要想尽办法帮助别人。大家一提起珊珊就赞不绝口，俨然是“团宠”，珊珊很享受这种被大家喜欢的感觉。

有一次，部门组织团建活动，分两组进行游戏挑战PK，胜者有丰厚的奖品，由组长挑选队员。珊珊本以为大家会争着选她做队友，然而最后偏偏剩下她没人选。

组长不好意思地说：“珊珊，你是游戏黑洞呀，为了团队，抱歉没法选你了。”

看到了吧？即便是一个小小的团建活动，人们也是从你本身所能提供的价值出发进行决策，你不能给别人带来价值，为什么要选你呢？

职场竞争是非常激烈的，如果你只会讨别人开心，只能和他人维持一种表面和谐而非互惠的关系，那么这种所谓的“好人缘”根本没有用，一旦你在利益上和别人发生冲突，那么你就有可能被“牺牲”掉！

被同事拉着一起团购并不喜欢吃的水果、违心赞美别人并不好看的裙子、耐着性子赔着小心做别人的情绪垃圾桶……生命苦短，不要让你的每一天都填满卑微。尤其是你做了团队的管理者，卑微会严重损害你的气质和气场，让你失去权威。

你最需要的不是停留在表面上的和谐关系和别人廉价的认可，而是关注自己，不断成长，提升核心竞争力。一个不断追求自我成长的人，是自身带有力量的人。内心有力量的人，不会轻易受他人和外界的影响。

优秀的人不是圆滑世故，而是实力上乘，对别人有价值。

当你弱小的时候，哪怕你让自己低到尘埃里去刻意讨好也换不来别人的尊重，只有你足够强大，才能建立起真正有价值的关系。

把你用尽心思为同事做蛋糕点心的时间用来研究公司的财务报表；把你在朋友圈不断点赞和评论的心思花在自己身上，复盘你的工作，弥补不足；把对未来遥不可及的大目标转化为近期就可以实现的小目标，再把小目标分解为具体的步骤，摒弃杂念专注于当下。

我们不需要去取悦所有人，这根本就是不可能做到的，也没必要去做。如果你让身边的每个人都满意和高兴，重视每个人的想法和感受，那最不满意和最不高兴的那个人，就是你自己。不要把自己锚定在别人身上，这会让你的能量受限。

任何关系里面，迎合和讨好是得不到真正的重视和珍惜的。若没有内力，抬着屠龙刀也耍不起来；而如果内力深厚，抽一支树枝竹筷都能打出倚天剑的效果。人与人之间亲密或疏远，说到底就是看彼此的价值对不对等。

所以我们的交际圈注定是变化的，只有这样才能找到价值等量的圈子和群体。想要真正融入你希望进入的圈子，最核心的还是提高自己的核心价值，让对方觉得和你坐在同一张桌子旁聊天并不是在浪费时间。

◑ 成熟的人，不会把私人关系带入职场

琪琪是某财经大学的应届毕业生，在刚入职的时候，如何称呼办公室里的同事、领导，成了琪琪最大的困惑。

很快，在公司的一次集体会议上，琪琪发现，公司里很多同事、领导都是从某财经大学毕业的。有了这层认识，琪琪开始主动上前与同事、领导打招呼：“学长，没想到我们是同门师兄

妹”“学姐，当年在学校就听说过您，好荣幸跟您共事”，甚至对于部门领导，琪琪也直接以“学长”相称。

然而，琪琪不知道的是，公司一向忌讳拉帮结派，看她一个新人这么“亲切”地称呼领导，不少人揣测起她是不是有什么目的。而被她称作“学长”的领导，也颇为尴尬，又不好明说。

不久后，琪琪发现，她的部门主管跟别人经常说说笑笑、态度亲切，但一跟自己说话，就一本正经，除了工作内容，很少和琪琪交流其他话题。

“我究竟哪里做错了？”琪琪百思不得其解，终于鼓足勇气向一位前辈请教，前辈指点说：“你的问题就在于没有分清私人关系与工作关系。私下越是有关联的，在工作中就越要避嫌。主管这个态度，也许就是被你那句‘学长’搞怕了。”

公司是创造价值的地方，你首先要做好你职责范围内的事。在生活中，你和你的上司仍然是朋友，但在工作中你和你的朋友是上下级关系，首先你要摆正位置，认清自己的角色。

作为上司和作为朋友有着根本的区别。

友谊没有明确目的

友谊不应该是达到某个目的的工具。我们都需要人与人之间的亲密关系或支持力量，这与上下级关系有着本质的不同。上司与下属之间的关系是为了完成某些特定的任务，你不会招聘一个一无所长的员工，他或者懂设计，或者懂财务，总之要同公司的需求相匹配。但你不会因为一个人一无所长就拒绝与他做朋友，你同对方在一起很开心，这就够了。

朋友是平等的

在组织中，上司与下属之间由于分工不同，会存在着权限的差异，即使上司大部分时间都会收起“权力之杖”，但有时还是得使用它，即使下属会因此而感到不舒服。当然，没有多少友谊能经得起这种考验。你可以对下属颐指气使，但不能对朋友呼来喝去；下属可能为了薪水忍气吞声，但朋友会离开你。

朋友是相互包容接纳的

朋友之间不会不断评估对方的表现，强烈要求对方改变。然而，尽责的管理者却必须随时评估下属的表现及能力，同时要求他们不断进步和改变。提供这种善意的压力，也是管理者无可逃避的责任。你的朋友可能有拖延症，这并不会影响你们的友情；但你的下属如果有拖延症，影响了工作效果，你可能早就让他离开了。

朋友不会单方面要求

管理者必须要求下属随时报告工作进度，并且为工作成果负责。朋友之间当然也会对彼此有所期待，但那种期待是相互的、双向的，而且要求不会那么多。管理者最终还是必须以工作绩效及整体工作团队的利益为优先。

◑ 克服抵抗情绪，规避认知盲区

许多人自信地认为他们非常清楚自身的优势和不足，他们所了解的就是事实，但事实并非如此。

有一个著名的“看不见的大猩猩”实验，在实验中，人们被要求观看篮球视频，并被问到视频中的传球次数。几乎所有人全神贯注地观看视频，数着传球次数，以至于没有注意到有人扮演大猩猩从球场中间穿过！

参与者大都数对了传球次数，但错过了太多东西。在工作和生活中，我们常常因为太过于关注一件事情，连中间的“大猩猩”都看不到。征求别人的反馈意见，可以让我们有效地规避自己的认知盲区。

征求反馈信息听起来相当容易，不就是请另一个人提建议和意见吗？错！请他人提意见相对比较容易，你也会听到那些未加粉饰的真话。这就是考验自己的时刻了，你的反应至关重要。

不要为那些建议找理由，或者是辩解；不要责怪他人；不要生气。如果你有如此反应，他人有可能不会再给你真实的反馈。你该做的就是接收反馈信息，然后自我检视。

如果听到那些意见后不是太明白，那么就去问清楚，请对方举出具体的例子。如果反馈信息比较尖锐，那么谢谢对方，然后自己“消化”。不要有任何抵触情绪，只有这样，才能让你针对反馈信息进行认真的反思，然后某天回过头来再继续讨论。

面对反馈信息，人们可以有两种反应：建设性反应和破坏性反应。人们常常提到要接收建设性反馈信息，但只有在面对反馈信息时采取建设性态度，这些意见才会真正起到作用。然而，人们常常背道而驰，建设性反馈信息反而变成了破坏性事件。

苏杰的表现非常出色，能够以建设性方式来处理反馈信息，他不会做出抵触的反应。面对比较尖锐的反馈信息，他会非常认真地倾听，然后只是简单地说“谢谢你的反馈信息”。他会在数天后回来，询问对方是否可以进一步沟通。

在听到反馈信息时，一定不能过于主观。切记，获得反馈的目的并不是要赢得认同，而是要改进自身。为此，你不能主观地对待反馈信息。在澄清时你必须做到坦诚，避免对立的心态。而艾米则采用了另一种方法，将反馈变成了破坏性行为。

在绩效评估时，上司与艾米进行了谈话，并且建议她找同事阿兰聊聊，两人此前在众多项目上有过合作。在阿兰向她提出建议并举出具体的例子时，艾米不客气地打断她说：“我不知道你为什么老提那件事。你什么时候才会忘记我们曾经没有按期完成的那个项目呢？”于是，双方的谈话不欢而散。

艾米没有客观地分析如何在未来避免同样的错误，而是反应激烈，使阿兰颇为尴尬。在向我转述这件事时，阿兰表示自己以后不会再向艾米提供反馈信息了。艾米不仅错失了改进的重要机会，同时也破坏了一段良好的合作关系。

另一个例子让我更有切身体会。当时，我为同事小陈提供反馈信息，帮助她改进与上司沟通的方式。你知道小陈是什么反应吗？

“什么？我此前从没听谁这么说过，所以我觉得自己没有必要改变风格。”她的反应让我决定马上闭嘴，什么也不说了。

不过，这次谈话最终的结局还算不错。在经过一番思考后，她又询问了其他人的意见，并且得知大家普遍持有与我一样的观点。

如果小陈在面对反馈信息时不过于主观，不过于抵触，或许也就不会让我那么难受了。此外，小陈错误地认为，因为此前从未听到过任何反馈信息，所以一切肯定都没有问题。现在，你应该明白了，千万不要再有同样错误的想法。

小陈的反应也给了我们另一个经验教训，即留意他人的感受。即使你坚决不认同他人的观点，他人的感受依然重要。“好事不出门，坏事传千里。”如果你毫不在乎他人的感受，“恶名”很快就会传播开来。你需要问一些明确的问题，请他人举出具体的例子，然后努力改变那些在你看来错误的印象。

◑ 分寸感，才是职场相处之道

有一个很重要的提醒，不管你同你的上司如何熟悉，甚至可能曾经是很多年的朋友，但是基本的分寸感、距离感一定要有。“久而敬之”，就算再熟，分寸感也必须有，不要碰触他人的边界，这才是长久的相处之道。在职场，一定要提醒自己注意界限，注意眼前的这个人首先是你的上司，其次才是你的朋友。

诺兰凭借着过人的聪敏和办事手腕，一路迅速晋升为公司的高管。与此同时，诺兰的性情也发生了很大的变化，原本就完美主义的她越发地严苛挑剔，她认同的人就可以扶摇直上，不认同的人就弃如敝履，难以翻身。所以，一提起诺兰大家都心惊胆战，谁都不想让自己的职业生涯惨遭打击。

多年来，诺兰看起来总是“喜新厌旧”，身边的团队几乎都是遵循着同样的评价变化：开始阶段的高度认可，迅速晋升——中间阶段的“怎么看都不顺眼”，冲突不断——最终阶段的全面否定和摒弃不用。

很多才华横溢的人都没有逃脱诺兰的这种打击，唯一的例外是曾经同诺兰同一年入职的黛比。黛比为人沉稳内敛，是诺兰在公司里唯一的好友，不仅获得了诺兰的持续信任，而且能通过和诺兰的配合协作青云直上，达成很多想要实现的目标。

大家都很羡慕黛比能如此有效地“搞定”难搞的诺兰：“谁让她们很早就认识，一直是朋友呢，朋友就是不同呀。”

黛比的助理琳达哭笑不得：“哪有什么朋友，不过是始终保持合理的距离和分寸。大家只看到诺兰对黛比的认同，却不知道黛比平时有多谨慎，在黛比身上绝对不可能发生‘冲口而出’的情况。她太了解诺兰的完美主义，所以她要同诺兰沟通任何问题之前，都会掂量再三，只有在合适的场合、合适的氛围才会说。十几年来始终如此，这哪是一般人能做到的呢？”

你要做的是以一个职业人的标准来要求自己，谨言慎行，做好自己的本职工作，不要因为和领导过于熟悉而让自己有所懈怠。

怎样认识比自己更厉害的人

如果所有的时间你都在与同样的一些人交往，你会自然而然地形成习惯。你跟他们在一起时感到自在，你信任他们；与和陌生人建立关系相比，和熟人交往时更加轻松，也更加愉快。因此，你要付出额外的努力来认识新朋友。

我们都喜欢和自己志趣相投的朋友在一起，这是人类的天性。

人们也经常心口不一。他们带着结识新朋友、扩大社交圈的目的参加聚会，结果却不愿意主动结识另一个圈子的人。即便认识了一些陌生人，也只是朋友的朋友。我们总是被相似的人吸引，但是我们并未意识到这种吸引力让我们越陷越深。

留意一下身边人缘好的同事，他们常常可以以一种友好和建设性的方式对待每个人。他们似乎真心地对每个人都感兴趣。而且他很清楚地看到了他们身上的缺点——他不会让这些缺点妨碍他们之间的关系。

公司聚会的时候，你可以留意一下：你参加聚会完全是因为不去会显得不礼貌，觉得这纯粹是浪费时间，确定不会有人注意的时候，就偷偷溜走了。而有些同事借机认识了一些其他分公司的人，当天晚上便与他们一同用了宵夜，之后就一直保持联系。

你讨厌“搞关系”这个想法，而别人却欣然接受，他认为这只是工作生活中的一个小方面。

蜷缩在舒适区，交往对象是相似的人，从别人身上看到自己，对于那些差异大的人却不愿意走近，别人身上的不同会刺激你，让你不舒服，这其实是一种自恋。就像我们在社交网站上，一旦我们开始按照自己的兴趣主动关注某一类信息，大数据就会自动筛选、推送相关的信息给我们，让我们很难再有机会去了解不同的信息和观点，逐渐形成一个封闭的信息“茧房”，让我们误以为这就是事实的全部，是所有人都关注的内容，让我们封闭而不自知。

怎样才能走出自己的舒适区，勇于结交另一个世界的朋友，有效扩大社交圈呢？

你必须意识到只选择“和我是一个世界的人”的交友心态十分消极。我们可以创造一些环境让自己不得不走出舒适区，不得不结识陌生人。或者尝试融入新的圈子，学习一种新的技能或者和陌生人一起进行娱乐活动。

我们必须随时随地提醒自己社交压力的好处，坚信强迫自己走出舒适区和不同的人打交道是值得一试的，是能够带来积极结果的。正是那些不同的声音才让一个团队的合作更加富有成效。从“另一个世界的人”身上，你不仅可以获取新的视角、新的知识去解决自己面临的问题，还可以展开新的合作，不齐的齿轮之间才会碰撞出火花。

我们习惯于选择那些和我们自己相似、让我们自我感觉更加良好的人进行社交，但是想象一下——你永远都不打算成长了吗?

一个人不能在同一个状态下待得太久，也最好不要在同一纬度的圈子里混得太久。微博上有一句非常火的话：你的水平，就是你最常接触的5个人的平均值。谁在你身边，你跟什么样的人在一起，真的很重要。与你交往的人想法越多，层次越高，你的能力提升得就越快，机会就越多。事实上，在职场，正因为人家的圈子比你广阔，你才更需要千方百计努力融入别人的圈子。

不少人更渴望在人际交往中获得友谊，以此让自己内心获得认同和愉悦，他们很少会带着“对未来有用”的心态去交朋友，容易把没有利益关系的交往看作纯洁、高尚和可信赖的象征；而带着目的性总像是在暗中谋划什么一样，让人觉得有愧疚感。

这是因为很多人头脑中存在着“好人/坏人”的二元思维模式：要么就做个好人，从不带着目的性去交朋友，要么就当个坏人，总是希望对方能给自己带来实际利益；要么建立一段没有任何利益关系的纯友谊，要么就是个只为自己考虑的小人。这种二元思维模式造成中间选择的缺失，难道我们就不能成为一个能够帮助别人，并且能够为自己带来些许利益的人吗？

你需要的不是安心舒服地躺在自己固有的圈子里，摆出岁月静好、与世无争的样子，而是尽可能在较短的时间里，融入比自己更高级的圈子，尽早实现人生的蜕变。我们都听过这样的话：“你知道什么不重要，重要的是你认识谁。”简单地说，如果我们认识厉害的、有强大关系网络的人，就可以在生活中更上一层楼。牛人的观念、想法、资源和人脉，以及社会影响力，经常能让你醍醐灌顶，改变你的认知。

有一种说法，我的时间和精力非常宝贵，我不去应酬，没必要和不喜欢的人相处，我的时间要用来自我提升，要留给有用的人。这个说法听上去鸡汤满满，逻辑满分。但是人生真正的提升就是勇于去面对自己不喜欢和讨厌以及害怕的事情。你永远不知道什么事情对你是有用的，什么人是没用的。而你越来越好的时候，什么事情、什么人都可能会变得对你有用。

在考虑和对方的关系时，不要再考虑他与自己是否合得来，他的性格是温柔还是严厉等，而是这个人如何为你带来社交价值，同对方的交谈是否可以开阔自己的视野，是否可以更好地进行信息交换、资源链接等。

不是每个人对你的价值都一样大，你应该考虑如何恰当地利用时间拓展人际关系。最佳的人际关系策略是：认识大量来自各行各业的人。他们应该来自不同的组织、不同的行业和部门以及不同的地方。

从那些我们不喜欢或不重视的人和事上学习，重要的是我们能从对方身上吸取什么样的经验和教训，而非只是那些你喜欢或认同的人和事，尤其不能仅仅是那些和你相似的人。

你的生活圈子、社交圈子、朋友圈子，如果让你很轻松，很舒服，那可能是糟糕的。好的圈子，是让你一直有压力，但是需要的时候又能帮到你，有互补。就如同，很多人说一个企业如果大家齐心协力，那肯定会成功的。事实是，一个企业、一个组织中的所有人都一个声音，没有质疑和挑战，很容易按照惯性运转，这种状态是危险的。有周边环境的竞合状态，才是前行和生存的最大动力。

◑ 把嫉妒别人的时间用来发展自己

不要嫉妒别人，要把成长建立在别人的成长之上。在所有人类情感中，嫉妒是最为可惜的一种，你无法从自己拥有的东西中获得快乐，反而不断从别人拥有的东西中吸收痛苦。很多人见不得别人比自己好，看到别人比自己的成绩好，很容易采取一种嫉妒、排斥，甚至是贬低和敌视的心态。

很多人把同事、朋友下意识当作不如自己的竞争对手，觉得别人成功，都是走了狗屎运；觉得自己的落魄，都是怀才不遇。当你陷入这种幻觉的时候，除了踩低别人捧高自己，让自己心安理得之外，还有什么价值呢？这就像电影《一代宗师》里，宫父跟宫二说的，“见不得人好，见不得人高明，是没有容人之心。咱们宫家的门槛高，但是不出小人”。

第一，真正重要的是你的成长，而不是别人的好坏。第二，不要关注别人的“错”和“不好”，这也不该成为你优越感的来源。第三，你再怎么讨厌的人，身上也一定有很多优点值得你学习，世上没有全无是处的人。第四，即使你要跟别人比较，也要比较未来，而不是比较当下。重要的不是起跑线，重要的是终点线。如果每个人都能成为你的学习对象，都能成为你成长的养料来源，你的成长不快才怪。

刚进入职场时，我非常期盼能收到年度考核的结果。每当我收到时，都会从自己的角度比较我和其他人的差别。这种比较持续了几年，后来我发现这种比较危害太大了。当你拿自己跟别人比较时，会发生什么呢？通常会有两种结果：要么你发现别人远比自己好得多，这时你会感觉很沮丧；要么发现自己比别人强，你会变得骄傲。两种结果都对自己不好，都不利于成长。

拿自己跟别人做比较徒劳无益，只会分散注意力。你唯一需要比较的人是自己。你的任务是使今天的你比昨天的你好。专注于你今天所做的事情，然后才会有所提高和成长。久而久之，当你回头把今天的自己跟数周之前、数月之前，甚至数年之前的自己做比较时，你会因自己的进步而大受鼓舞。

第五章　沟通：一言一行扩大你的影响力

在职场，每天都要和各色各样的人打交道，财务部的果果是你的老乡，和你很谈得来，每次谈事情都特别顺利；品质部的阿威口音重，讲一口蹩脚的普通话，你不喜欢他的腔调，而他也同样不喜欢你的一板一眼，你们每次的沟通都不欢而散……怎么办呢，同事不是我们能选择的，工作还是要推进呀。

◑ 摒除杂念，设定合作的意图

在一个单位，所有人都被联结在同一个价值链中，任何一个部门的工作绩效、工作流程的细小变化，都可能会影响其他部门或同事的工作内容和绩效表现。如果你对此缺乏敏感性，只是从自己便利的角度，贸然提出一些新的想法和方案，很有可能会对其他部门或同事造成损害。无论新的方案有多么明显的好处，如果其没有与公司的管理者或者与其他部门的利益相关者保持目标一致，很有可能会失败。

首先，我们审视一下和别人打交道时意图的重要性。我们对每天的体验非常主观——我们的优先事项、态度和假设决定着我们的大脑关注哪些事情。因此，只要我们对一次交际有某种期待，大脑就会寻找与那种期待相匹配的证据，并且会把与期待相悖的信号过滤掉。如果我们在进行人际交往时想寻找合作机会，那么我们就有很大概率找到这种机会。如果我们是想找茬儿，那大脑就更可能发觉到冷落和嫌隙。由于这种筛选过滤是在潜意识层面进行的，所以尽管我们会说要表现得客观，但实际效果却并非如此。

这正是彼得遇到的人际交往挑战。

彼得是一家咨询公司的管理者，专为客户公司的信息技术问题提供建议。彼得通常是空降到一个脱离正轨、问题很多的重大项目中。

彼得工作能力出色，并且总是面带笑容，但他发现自己和客户、同事之间总是关系紧张。他总觉得身边的人不理想、不得力。自然，别人也不愿意和彼得共事。

最近，彼得就因为所谓的“复杂的人际关系”结束了一份工作。彼得说：“我为人友善，工作能力强。我要搞清楚这到底是怎么回事。”

一番谈话之后发现，彼得对自身价值的感知一直都是聪明能干，能找到问题然后快速解决问题。这些年来，彼得参与谈话时都有一个明确（但未明说）的意图，即他想要表明自己是对的，以此证明自己的价值。而在他心目中，为了证明自己是对的，就要指明别人的错误所在。

结果，这样的意图严重扭曲了他的人际交往。彼得会特别急切地抓住每次机会证明自己的观点，整理编辑一大堆数据和图表来说明他对情况的深入理解。他一看到别人皱眉头或是满脸困惑就灰心丧气，于是就错过了一些重要信号，比如客户有合理的问题要提或有有益的观点要分享。慢慢地，每次和彼得谈话似乎都变成了智力对抗。

然而，在彼得随时准备对抗的背后有个更深的意图。在内心深处，他极其渴望能提供帮助，并且相信只要给他机会，他总是能有一番作为。彼得开始意识到，要达到自己想要的效果，他就要以更配合的方式表达愿望。记住了这一点，彼得在和客户见面时，就会重新设定意图，按照如下的准则操作。

● 目标：确定你真正想从谈话中获得什么样的合作结果。确保谈话对双方都有益，并且切中要害。

● 假设：检视你对另一方的负面期待，因为这些期待会影响你的关注点。取而代之的是从对方身上寻找积极、有意思的事情。

彼得对第一个问题的回答，在他一停下来思考时就浮现了出来。他要先和客户建立信任关系，这样他才能和客户坦率地谈论双方正在共同努力解决的难题。彼得要使客户感觉与他共事很愉快，期待和他见面，而不是惧怕他。至于第二点，彼得意识到，他不能想当然地认为客户根本“不懂”。

不久，彼得在一家科技公司谋得了一个新的职位，并且有机会与新上任的总裁一起参加一个宴会。彼得为这次宴会设定了一个明确、合作的意图，那就是更多了解总裁在履新后的期望，以及总裁对未来的预期和顾虑。

“对于我来说，不跟他摆出数据，告诉他公司表现有多糟糕，是特别难的一件事，但我还是忍住了。”彼得说。这么忍耐是值得的。“那次谈话特别好，比我预想的好得多。”彼得还发现，如果一开始就投入建立亲善关系，他就能争取到稍微展现自己的机会。“宴会快结束时，总裁确实征求了我的看法，所以我有机会向他稍微展示下我的绝活。他似乎也很认同。”这也开启了彼得和这位总裁所在公司的一段更为友好的关系。

◑ 避免“尬聊”，提出高质量的问题

当别人没有真正听进去我们的话时，你是不是能够清晰地察觉到，是不是觉得很烦？和我们交谈的人明显在想着自己的事——谈话中不时还能看到手机屏幕在闪。有时候一方说个不停，让另一方完全没有机会表达想法和观点。

还有一类人会说，“我都经历过，我完全明白你的意思”，谈话对象总是迫不及待地要表明你所经历的一切都不是特殊个案，这些他都经历过，比你更有经验，更有发言权。还有很多日常对话，你和对方都只是在蜻蜓点水，彼此说着不走心的客套话。

遗憾的是，我们都有这样的问题。大部分时候我们大脑里都是自己关心的事，很少留出空间去关注别人的来意。事实上，大脑的无意识系统为了节省脑力会选择走捷径，即假定别人和我们都差不多。虽然不会假定我们和别人完全相同，但我们倾向于假定别人与我们有同样的偏好和观点，所有人了解和重视的事情都和我们一样。

这就是科学家所说的投射偏差，意味着我们并不总是仔细倾听别人说的话。我们在思考自己下一步该说什么时，精力会从聆听对方说什么之上分散，因为我们要停下来为下一轮的发言和观点“补充弹药”。

以上这些都不利于和谐关系的建立，如果让你回忆一下上一次和别人进行的默契十足、沟通深入的谈话，很可能是对方对你的生活或观点表达了真切的好奇。他或她肯定给了你说话的空间，让你觉得有人倾听，你被激发去分享自己的想法和经历，这让你觉得很有意思。

因此，如果我们对别人表现出了真正的好奇，他们会觉得与我们谈话颇有收获，而这正是有益对话的坚实基础。那么表现出真正的好奇是什么意思呢？只是提问题吗？对也不对，这是第一步，但并不是全部，因为大部分问题并不能表达出对别人真正的兴趣。

下次和同事们聊天时仔细听，你会发现提出的大部分问题都属于以下三者之一：表面上的寒暄客套（“周末过得好吗？”“挺好的，你呢？”），事实询问（“截止日期还有多久？”），以及传达设想（“你能想得更全面一些吗？”“为了改善现状，你能把任务更多地分派出去吗？”“你这么费劲是因为从来都没碰到过这些吗？”）。我们在提出这些问题的时候本意是想要提供帮助，但我们的重点集中在把自己的想法传达出去，而不是弄清楚对方心里在想什么。

真正出于好奇的问题则截然不同。首先，问题一般是开放式的，不能用“是”或“不是”来回答；其次，问题会促使人们分享自己的想法、动机或感觉，而不仅仅是事实；最后，你真的想倾听并且会反思答案。我把这些问题称为高质量的提问，因为这些问题能马上提升对话的质量。比如：

不问“你能想到别的方案吗”，而是问“你觉得这个怎么样”。

不问“你这么费劲是因为从来都没碰到过这些吗”，而是问“是什么让你觉得为难”。

不问“为了改善现状，你能把任务更多地分派出去吗”，而是问“你觉得理想状况是什么样的”。

如果想要问别人的生活，你可以不仅仅问“周末过得怎么样？”而且可以问“工作以外你一般做什么？你是怎么培养起这个爱好的？”

在提出以上这些问题之后，都能在后面追加一个简单的邀请，请对方分享更多信息，然后你再开始评论。只要说出“再给我说说这件事”，你就能成为合格的倾听者。

彼得现在身负的任务就是要把他所有的“聪明巧妙的假设”换成高质量的提问，对客户表达真正的兴趣。但这并没有马上取得效果。最近和一个新的潜在客户见面时，彼得刻意问了一些问题以便和对方熟络起来。

但是，彼得说：“我完全没听到有意思的回答！于是我乱了阵脚，很快就又用起了老办法，开始给客户大量灌输我的想法。”事情自然不太顺利。

“对方看起来茫然不知所措，会面也不了了之。”回过头看，彼得意识到了他的问题所在：“提的问题还是太流于表面，提出的都是用‘是’‘否’回答的封闭式问题，或者只是问了对方职业生涯的一些经历。并且我也没有认真听他回答，而是一直在找机会告诉他我所知道的事情。”

彼得决定把那次会面的情形运用到与其他人的会面中。为此，他给自己列了一张提醒清单，下面的几项我觉得很重要。

- 别太注重要达成的个人目标（相信你总会找到机会分享自己的想法）。
- 一定要找到谈话对象认为的某个有意思的点。

- 提出真正开放的问题，而不是表面上提问，实际上却在提建议。
- 认真倾听对方的回答，注意有哪些引人入胜的地方可以接着追问。

◐ 快速拉近距离，营造“圈内人”的感觉

只要是和人打交道，我们的大脑就会快速运转决定如何反应。能认出对方的脸吗？他们对我们而言是威胁吗？他们最明显的特征是什么？他们和我们一样还是不一样？

最后这个问题很关键。在没有其他信息的情况下，我们倾向于带着防范意识去观察对方，但只要感知到对方在某些方面和我们相似，不论是地域、教育背景还是兴趣爱好，我们马上就会放松下来，并且在潜意识里把对方视为可能的同盟。

这种情况就是把某人视作“圈内人”。这种社交上的微小调整对我们的交际结果有很大的影响。首先，我们不再处于防守模式，这会让我们一下子变得更放松、更亲和。把某人视作“圈内人”意味着，我们当时就可能对那个人的痛苦感同身受，或能分享他们成功的喜悦。我们常说的“老乡见老乡，两眼泪汪汪”就是很典型的现象。

这在职场上意义重大。首先，我们更倾向于聘用看起来或行动起来与自己相似的人。美国西北大学学者劳伦·里韦拉发

现，知名公司招聘经理聘用的人倾向于“与我个性相近”。他们是如何确定别人与自己“个性相近”的呢？这并不需要什么特别深奥的评估。其中最重要的一个因素就是有相似的业余爱好，比如都对体育或某项技术感兴趣，或者是同一个学校的校友。

要形成同属一类或“圈内人”的感受其实非常容易，只要把人们随机地分派到同一个团队，这种“圈内人”的感觉马上就形成了。以下是一些快速和你的谈话对象形成“圈内人”感觉的建议。

找到共同兴趣。寻找任何能与你产生共鸣的兴趣或偏好信息，不论它们有多微小。音乐、电子产品、服装、爱好等都可以。乐于对这些做出评论和询问，并且分享你的经验。

突出共同目标。这有助于形成深层次的联系，因为共同目标一般意味着共同的价值观。为了能让目标一致，你可以问：“这件事你最在意的是什么”或“我们双方都想实现什么？”

谈谈相同的不满。用这一招时要小心，因为负面信息会让人觉得你带有负面情绪。但抱怨天气不好或交通状况糟糕，可以方便地作为对话的开场白。

重复对方的话。重复某个人的遣词造句不仅有助于让谈话双方感觉处在同一个频率，还能说明你在认真倾听。即便你只是在重复陈述一些事实，效果也很显著。

◐ 时刻对他人报以美好的预期

现在我们已经知道对别人的假设能极大地影响我们之间的交际。证实性偏见的存在意味着，如果我们预期某人比较笨或招人烦，我们会下意识地更多关注对方言行中愚蠢或烦人的方面，甚至为了确认事先的假定而扭曲我们所观察到的事实。

如果我们对这些感知到的刺激做出负面反应，表现出沮丧或愠怒的情绪，对方的大脑肯定就会进入防守模式，让他们更难表现出才华横溢和讨人喜欢的一面，反而更可能出现行为失常。只要是和别人有关，我们的负面假设很快就会变成自我实现的预言。

比如，你一直认为下属思思的表达能力不行，有一次开会，思思明明准备得很充分，但一开场就出现了一点口误，你随即就流露出失望的表情，刚好思思关注到了你的表情，她马上就开始紧张了，越紧张就越讲不好，越讲不好就越紧张……结果，又一次验证了你的判断：思思的表达能力不行。

我们对别人做出的习惯性假设绝不是宽宏大量的。想到自己时，我们清楚自己行为的某些方面是受到所处环境的限制所致。比如，我们今天完成的工作比预期少，部分理由可能是我们睡眠不足，或身体不舒服，或是在等同事给出必不可少的反馈。但如果看到别人完成的工作比我们预期的少，我们一般就会认为，这反映了这个人能力或品格方面的一些最基本的东西——他们不是无能就是懒惰，而不会认为他们可能累了或被别的事情耽搁了。

我们很少会花很长时间去考虑他或她今天不在状态的原因，特别是在和他们不熟悉的情况下。这种把别人的缺点归因于品格而不是处境的倾向，被心理学家称为基本归因错误。

为什么我们会这么严苛地评判别人呢？这是因为我们大脑的无意识系统觉得这样更简便。对别人只进行一次评价，然后把他们永远归为一类，这样比较节省脑力，我们会说“啊，这个人不太聪明”，而不会在每次见到对方时都分析对方可能的处境。在压力很大、大脑负载着很多任务要操心的时候，我们更倾向于通过做这种泛泛的概括来走捷径。

我们经常基于很有限的观察就对别人的性格与能力做出大而化之的判断，所以当我们发现自己在给别人贴标签时要格外注意。对方的行为有多大程度是处境使然，又有多少是因为品格？问自己这个问题并不是完全否认自己的认知，但如果你能想到他们人性本善，只是情势所迫，那么紧张的氛围就能得到极大的缓解。

如果有人激怒或辜负了你，我建议你采取如下做法。

第一步，明确“事实真相”。所有的事实都是真的，对吗？我所说的真正事实，指的是你真正确定知道的事情。要记住，由于大脑无意识系统过滤机制的作用，我们即使是对事实的感知也是主观的。所以，第一步要做的就是尽可能排除主观性，只关注实际发生的事，不加解读，不带情绪。

比如某次和管理者打交道时你觉得被无视了，通过“她不理睬我”就假定了管理者的行为是故意的。这就是一种解读，而你对此无法确认是否正确。你能确定的是什么呢？“我今天下午见到她时，她什么话都没跟我说，或者至少我不记得她跟我说话了。”看吧，这才是事实的真相。

第二步，假设“人性本善，处境使然”，为别人的行为寻找可能的解释。先假定某人本质上是正派的，然后把“这算什么事？”的问题，换成“他们是不是碰到什么事了？”“是什么让他们这么防备？”“他们可能感受到的或惧怕的是什么？”为你观察到的别人的行为想2—3个可能的原因。

只要想到对方行为背后可能有些不得已的处境，就会让你重构当前的事态，对方也会从侵犯者变成可能的受害者。而这会缓和他们给你大脑带来的威胁感，让你更容易在应对这种情况时保持最佳状态。

想到可能有别的解释，你就能以更宽容的心态开始下一步。也许是设身处地地问一些问题来发现对方到底出了什么状况，或者直接假设对方其实是带着最大的善意的，并以此继续行事。

不要轻易贬低别人的行为，试着通过他们的眼睛看待事情。是什么让他们那么做？也许是你们之间不同的价值观和标准，也许于你而言最严重的冒犯对他们来说根本不是一件坏事。你可以继续相信你的个人价值观，同时认识到他人可以按照他们的想法真诚地行动。

也许他们只是饿了、累了、病了、感到不安或是压力重重，也许他们只是最近接到了不好的消息，也许他们只是不知道后果而已。考虑到这些可能性并不能为他们的不良行为找借口，但努力去充分地理解它，可以让你更平和。

因此，我们要经常提醒自己，在开始困难重重的谈话时，不妨假设对方带着最大的善意。预想大部分人都在努力工作，认定对方是带着友善的意图来的。如果碰到明显不好相处的人，而你还以善意相待，你就能更多地看到他们所作所为中善意的一面。对方也能感受到你对他的看法，这就意味着他们也可能报以善意，从而为实现更多可能性创造条件。

一旦你养成这种思考的习惯，下次被别人的行为惹到时，你就能很快运用“人性本善，处境使然”这一招。

举例来说，假如你几天前给别人发了一封请求邮件，但没有收到回复，你很容易会想当然地认为出了什么问题，收件人可能对消息视而不见，可能对方讨厌这个请求，可能对方看不惯你等。你正准备写一封言辞稍显激烈的邮件去追要回复，可“事实真相”是什么？仅仅是你在72小时前发了邮件，现在还没看到回复。这时候你要假设“人性本善，处境使然”，这件事可能的解释包括：她回复的邮件到了你的垃圾文件夹里；她真的很忙；她正在休假，没看到邮件；她正在考虑，还不确定怎么回应；她忙得一塌糊涂，邮件堆积如山。

只要想到哪怕一条这样可能的解释，你就有可能在追问邮件时言辞更大度，或直接打个电话，或至少暂时不纠结于此。

◑“知识的诅咒”让我们总是自说自话

传达信息时，我们总在努力思索自己要说什么。但在满腔热忱的表达过程中，我们很容易忘记把自己放到沟通对象的角度去思考。如果不停下来想想他们的所知所感，我们通常认为别人看待世界的方式和我们是一样的。

这个捷径会让我们遭受所谓的“知识的诅咒”，意思是以为别人知道我们所知的，会让我们高估彼此交流的成效。

这也是为什么有些我们自己听起来非常明白的话，在别人那里会得到不同的解读。比如：“开刀的是她父亲。”可理解为她父亲是为别人开刀的外科医生，也可理解为她父亲身体有恙，医生给他开刀做手术。

两者都是正确的解释，唯一可以肯定的是她父亲最近在医院。研究人员让志愿者把预先设计好的如上的模棱两可的句子跟别人说，5个说话的人中有4个高估了自己被理解的概率。说话的人对自己想要表达的意思感受非常强烈，以至于他们认为倾听者所听到的正是他们希望表达的。

“知识的诅咒”给职场带来了很多误解。有时我们知道出现了误解：“我确定我告诉过你这件事要在周五前完成，你怎么会不清楚我指的是哪个周五呢？”但很多情况下，我们无从得知要传达的信息其实并未如愿抵达，只是发现自己没有获得想要的影响，却不知到底为何。

所以为了在交流中表达得和你脑子里所想的内容一样清楚明白，千万不要以为别人知道你所知道的。

- 在你开口或开始打字前，一定要花一点时间把自己放到听者或读者的角度去思考。想想对方对这个议题可能了解或感受到了什么。
- 如果你是当面和某人交谈，弄清楚对方的出发点（“在我讲之前，请告诉我你已有什么了解”），然后隔一段时间就检查自己是否把观点成功传达过去了（“我说清楚了吗？我有没有漏掉什么？”）。弄清楚对方接下来想知道什么，然后做出相应的回答。

◑ 把好处带到眼前，成为别人的“优先级”

在潜意识层面，大部分人都不愿意接受未知。与不确定的未来回报相比，人们通常更重视熟悉和确定的事情。从个人角度而言，这种现状偏差导致我们在需要马上努力完成只会在不确定的未来才有回报的任务时产生拖延，比如为退休后存钱，写一封推了一个星期的棘手邮件等。

但这也说明了为何让同事处理新的或不同任务时不太容易，

哪怕这项任务只需要稍微调整一下行为，比如只是每周给你发一份工作进展汇报。

人们一般倾向于坚持已知的事情，因此只是评估你的提议是否有好处，或这个提议是否会让人厌烦或费力，对很多人而言都是有难度的。

反过来看，我们给出建议的意义就很明显了：如果能把合作的好处表达得清晰生动，并且与个人息息相关，同事可能就更愿意配合你。只要同事觉得你的提议会带来实在的好处，就更乐于接受新想法。而表达这点最好的办法就是举一个实际事例，证明他们接受你的请求后工作、生活会更美好。

小芳作为一名大学生，到一个山区小学做老师。到了学校才意识到，学校的老师普通采用传统的填鸭式教学方法，课堂的活跃度并不高，学生的学习积极性一般。

为了改变现状，小芳提出了新的教学方法，希望老师们能够更好地激发学生的学习自主性，培养学生“自主思考而不要人云亦云”的思维方式。

小芳提出的新教学方法在同事们看来似乎相当抽象。对那句“自主思考而不要人云亦云”有记忆点，但这句话实际上表达了什么意思却并不完全清楚。因此小芳做了几件事让她的提议所带来的好处在同事们脑中更加直观。

首先，她请一些支持提议的老师分享经验，让他们讲讲自己如何让学生开展自主项目，而这又如何提升了学生在课堂上的注意力和参与度。然后，小芳邀请同事们观摩她如何在课上使用新的教学方法。

尽管这么做需要勇气，但她明白这是让同事们看到实践运用的最好办法。比方说，老师们可以看到小芳的课堂中提问多了，讲解少了，也看到这个方法对学生产生的积极的刺激作用。

小芳让同事们更清晰地意识到了新办法带来的好处，同时她也考虑了如何做才能让新办法不那么累人。很快小芳就发现，她要解决的问题是，同事们在试验新方法时不希望被评价，因为这会对他们的胜任感造成威胁。

当然，同事们试验新办法后总得有些反馈，所以在演示课后，小芳邀请同事们来与她分享建设性的看法。她向同事们证明了反复琢磨新教学方法是一个很有意思甚至很愉快的学习过程，而这也让大家都不再畏首畏尾，把注意力重新集中到新方法的好处上来。

因此，如果你想让同事们做些新尝试，你可以做以下几件事。

向对方生动展示你的提议的优点。分享一个具体事例，证明你的请求能给对方和自己带来好处，想办法向他们演示，让优势越生动越好。

主动出击，清除潜在“威胁”。把自己放到对方的角度——

或者明确询问对方——思考他们可能有的顾虑。你的请求是否可能对他们造成威胁，从而把他们推入防守模式呢，你能采取什么实际行动来消除这些顾虑呢？

让别人轻松方便。想清楚什么可能会妨碍别人如你所愿地行事，然后清除障碍。如果需要做出的改变比较费力，那一般就是行动的障碍，所以如果可能，把你想要的结果变成“什么都不做”也能行的方案，最大限度减少人们改变的障碍。

提出具体建议来“锚定”讨论，减少所需的思考。对涉及数字的谈判，试着提出一个范围，设定在你实际理想的结果和更好的结果之间。提供视觉提示，把注意力吸引到你想要的结果上。

站在对方的立场上思考——角色调换。站在对方的立场上考虑问题，说起来容易做起来很难，因为换位思考所需要的思维跨度太大，而我们对此的好奇心却很小。为了真正理解一个人，你必须接过他的摊子，这并非思维实验，而是切实的行动。你需要换上对方的“鞋子”，亲身体验他所处的境地。

◑ 让渡优越感，沟通更顺畅

曾经有一个同事，是一个非常有天赋、正处于职业上升期的营销新人，但他总是把自己的想法强加于同事，不愿意听取别人的意见。他非常聪明，野心勃勃，但是他不够谦虚谨慎，也从来不从他人的角度考虑问题，总是一副盛气凌人的样子；他总是先一意孤行，之后再负荆请罪。

当然，没过多久他就离开了公司。

有时候你总是抓住一切机会想要展示自己精明能干、富有智慧，在别人讲话时迫不及待地打断别人，随时随地发表“高见”。下一次，你可以试试停下来，深吸一口气，问问自己：这样对解决问题有帮助吗？

与别人打交道时，很多人的方法是施加压力并直接采取行动，其实这种强势的方法毫无意义，反而会招人抵触。要知道，向别人展示自己精明能干并不是目的，关键是能否达到沟通的效果。你要开始有意识地改变，学着考虑他人的感受。当脑海中出现新想法时，不要立刻说出来，而要停下来进行深入思考。通过这一方式，给自己留下思考的空间，之后再更加有效地做出回应。

梅兰是一家金融服务公司的总顾问。她向我讲述了一个曾与她共事过的非常有才华的律师的故事。她说：“我见过很多人因为无法融入团队而不得不一直换工作。我觉得这类人有几大特征：聪明绝顶，对自认为重要的事情充满热情，认为自己对事情更加了解，认为只有他们的判断才是正确的。”

然后，梅兰笑了一下又继续说道：“我那位同事实际上非常聪明，她觉得自己的想法比我们所有人的都要好，事实上90%的情况确实是这样。但是她的表达方式让人讨厌，因此她非常不得人心。如果她说太阳从东边升起，我们会因为太反感她而说太阳从西边升起。”

梅兰还说，那位同事参加了职业发展培训，“总监让她配合教练的工作，但是教练根本拿她没办法。她戒备心强，没有意识到自己脱离团队，不愿检讨自己，将自己的问题归咎于企业文化不当，最后她离开了公司。我猜测她到下一个公司也只能待两年，然后又会因为企业文化问题离职。”

看到了吗？我们常常会诧异于别人“莫名的恶意”，却不曾想过可能是自己的无心之举造成的。不善倾听会阻碍人们的职业发展。首先，会冒犯他人，让别人对你敬而远之。得到认可和理解是人类的两大基本需求。如果你不愿倾听，对方的基本需求便无法得到满足。其次，无法学到新东西。要学会观察、倾听，以下是6个提高倾听能力的小窍门。

- 谨记“每个人都能够教我们一些东西”。与他人交流时，请告诉自己对方知道很多自己不知道的东西。
- 听别人讲话时，切忌中途打断或突然插入提出自己的意见。
- 学会积极倾听，如点头、记笔记等。
- 等对方讲完后，提出自己的疑问。
- 复述对方的话，以此证明你确实仔细倾听并且理解了对方的意思。
- 不要立刻做出评价。好的倾听者绝不会不假思索便对自己听到的东西提出意见，给出解决方法，或提出反对。他们首先会思考对方想要从这段对话中获得什么。

在职业发展的过程中，工作问题和人际交往问题都会变得越发复杂。工作越具有挑战性，带来的内在压力便越大，此时我们在人际交往中的不足之处便会显现出来。如果我们对此毫无察觉，那么对他人保持戒备、不顾及他人感受或被动应对的问题便会越来越严重。

基层岗位以工作能力论事，因此天赋异禀的人即便存在明显的人际交往问题，也能蒙混过关。但是对管理岗位来说，要完成一项大型跨部门任务，他人的支持至关重要。

因此，我们需要尽早在代价较低时定位、发现并解决自己的问题。在之后的职业生涯中，我们忙着出差和开会，行程满满当当，很难腾出时间寻求专业人士的帮助，解决棘手的性格问题。

在我们的一生中，最难的不是学说话，而是懂得沉默。当你不懂得闭嘴的时候，你永远不知道下一秒，你说出去的话会变成什么样的武器，伤害了别人，也伤害了自己。所以，凡事不要逞口舌之快，懂得沉默的人，往往比能说会道的人更显智慧。

◑ 哪有那么多私人恩怨，只是习惯使然

也许你听过这样一则空船的寓言。

一个年轻的农民正在奋力划船逆流而上，累得汗流浃背。他要把粮食送到上游的村子里去。天很热，他想尽早送过去，赶在天黑之前回家。

他抬头一看，突然看到前方一条小船顺流而下，直冲自己的船而来。他拼命划桨，试图避免冲撞，但是似乎为时已晚。

他大叫："闪开！你要撞到我了！"但这只是徒劳，那条顺流而下的小船砰的一声撞了上来。他骂道："笨蛋！你怎么能在这么宽的河中间撞到我呢？"

他愤怒地看向那条船，寻找对这场事故责任的人，才发现那船里空无一人。

原来，他刚才喊叫的，只不过是一条摆脱缆绳顺着急流漂下来的空船。

有时候，我们总以为有另外一个人在掌握局面，于是把自己的不幸归咎于那个人的愚蠢和马虎。我们为此大动肝火、推卸责任、扮演受害者，甚至做出不得体的行为。

如果知道那只是一条空船，我们的行为就会更加冷静。没有明确的对象，我们就没法发火，就会平和面对自己的不幸，认为那只是一时倒霉。我们甚至会因此哑然失笑，认为在这么广阔的水域里，能撞上一条没有人控制的小船也是难得。

生活中那些迎面驶来的"空船"也一样，并不是有人针对我们，不是所有人都在故意给我们制造麻烦。

- 那位总是在开会时打断你的同事，其实他谁的话都要打断，因为他觉得自己实在太聪明了。所以，他的话是“空船”。
- 今天上班时，有位冲动的司机紧跟你的车开了好几公里，其实他每天在所有路上都是这样开车，这是他的习惯。所以，跟踪你的车是“空船”。
- 银行客户经理因为一个打印错误，驳回了你的小额商业贷款申请。他挑剔的是格式而不是你。所以，这次驳回是“空船”。
- 超市收银员忘把你买的辣椒酱打包了，你今天的晚饭还要用它，所以不得不开车回到超市来拿本来买好的东西。她一整天都在扫描条码、打包商品，很容易漏掉一小盒调料。她这样做不是有意针对你。所以，这次疏忽是“空船”。

有时候，听到朋友的吐槽，我会请他想一个令自己感觉不好、愤怒或者疯狂的人。然后问他：“你能想象出这个人的样子吗？”

他会带着厌恶的表情点头说：“能。”

我又问：“因为你难受，这个人今晚会损失多少睡眠？”

“一点儿都不会。”他答道。

“那么，谁受到了惩罚，谁执行的惩罚？”我继续问道。

“答案已经很明显了，”他答道，“两个都是我自己。”

因为他人的性格习惯而发火，和因为一把椅子是椅子而发火差不多。椅子改变不了自己是椅子的现实，我们遇到的大部分人也不会改变他们的性格。如果有人使你烦恼，你虽然不必强迫自己喜欢、认同或者尊重他，但是要接受他就是那样的人。

那些为了自己的最佳利益，做出反对我们或者令我们失望的行动的人，其本意并不是想要让我们痛苦，他对谁都是一样的，他就是那样的人。所有惹恼或激怒我们的人都是如此。他们这样做，是因为他们就是这样的人，与我们是什么样的人无关。

不管我们面对什么样的外在干扰，请保持头脑清醒，不要让我们的内心被“空船”带走。

◑ 如果当时忍住就好了

在我们产生高傲的、嘲讽的、批判的、好斗的反应之前，三思而后行可以给我们一个缓冲期，这个缓冲期让我们有时间去思考另一种更加积极的反应。

- 我是否愿意表现出强大的意志力，为自己的言行负责，而不是让惯性控制自己。扪心自问：“我真的想要这样做吗？”
- 提醒我们自己处于当下。在不同的境遇中需要不同的反应。唯一的问题是，我们当前面对的是怎样的境遇？在投入之前提醒自己，对他人做出反应需要耗费时间和精力。但是，我们的时间和精力是有限的，所以要问一下自己：“这样利用我的时间真的是最佳选择吗？”
- 在进行积极的改变时，要强调我们天性中善良、悲悯的一面。提醒自己，我们的行为要有助于把自己变得更好，或者把世界变得更好。如果这两点都做不到，我们为什么还要投入其中呢？

- 聚焦在当下的事情上。我们不可能解决所有问题，在无法改进的事情上浪费时间越多，可用于能够改进的事情上的时间就越少。

在一些看似细微的时刻，缓冲机制也会塑造我们的声誉，巩固我们的人际关系。

当我们困惑是否要如实表达个人想法时

有些人会有强烈的表达欲，一有机会就想要表达自己，但很多时候，不妨搁置自己的观点，抑制不必要的表达。如果母亲问我们她的新发型如何，我们不论怎么想，都会说“很好，看起来年轻不少”，毕竟，谁愿意毁掉母亲对自己新发型的良好感觉呢？我们整天都在做这样的事情，小心翼翼地保护我们所爱的人，不让他们陷入麻烦和痛苦之中。

可一旦这种做法与我们保护自己的需求相抵触时，这种保护他人的宝贵本能就会变弱。在那些时候，我们把真诚当成伤害他人的武器，而不是能积极改善情况的工具。

真诚是说足够多的真话，满足其他人了解情况的需求，但是不假思索地说出太多信息，却会产生副作用，往往令他人感到痛苦或羞愧，破坏我们和别人的关系。

在职场中也是如此。如果我们要辞退一个人，可以使用一些中性的语言，比如“我很遗憾，不能留下你”，也可能不假思索地说“你一无是处”。如果被辞退的人是你，你更愿意接受哪种说法呢？

当我们有先入为主的观点时

如今任何一个拥有智能手机的人都能像专栏作家一样，随时随地发表自己的观点。这让我们有充分的话语空间来表达个人观点，但也浪费了很多时间，不知不觉变成了惹人生厌的“杠精”。

我的朋友小墨在微博上写了很长的文字批判某博主，他感到很骄傲，一定要我读一读。那篇评论对该博主进行了睿智、犀利的抨击，他逐字逐句批判了对方的观点，说对方的观点是奇谈怪论，误导大众。

我相信小墨一定花了不少时间来写这篇评论。评论下边，还有不少回复，他每天都会查看好几次。

“这何必呢？”我好奇地问道。

“因为对方是个骗子。”他说。

“所以你就要让别人都知道你发现了这一点？”

“这只是一部分原因。”他说。

“还有什么原因呢？”我问道。

“我不喜欢这个人。”他说。

“你就不能放下你对这个人的看法，更高效地利用这几个小时吗？”

“如果不这样做，我会感到更加愤怒。”他说。

如果我们的头脑能足够清醒，就不会花那么多时间做这样的事情：投入时间精力去和陌生人争辩，我们不知道他们是谁，甚至可能永远也不会见到他们。

当我们的信念与他人的信念相冲突时

每个人都会有一定程度上的“确认偏误”——我们偏好关注或收集有助于证明自己观点的信息，而不考虑其他信息的可能性。

这个心理学概念一针见血地指出，我们总是选择性地搜集信息、偏心地理解信息、不可靠地回忆信息。它有多种表现形式，比如我们喜欢能够验证自己固有态度的信息，再如我们会扭曲、模糊，或者复杂化事实，来支持自己看重的信念。

父母看到孩子早早学会了上厕所，就把这当成天才的证据，便是“确认偏误”的一个例子。一个领导者在力排众议之后，做出了有瑕疵的决策，也是因为他的“确认偏误”。

我们无法消除他人或者自己的“确认偏误”，但应该努力避免它的负面影响。在我们可能陷入的所有无意义的争辩中，将个人观点与事实混淆是最糟糕的。

不论争辩的话题是什么，当你引用明显的事实去反驳他人时，总会产生一种所谓的“逆火效应”：你精心组织的数据和语言不但没有说服对方，反而强化了他的信念。他会加倍坚定自己的信念，你们两个都会变得更加偏激。

这样的争辩没有任何意义。最好的情况不过是浪费大量时间，也没能改变别人的想法；而最差的情况则是制造一个敌人，破坏一份情谊，还会给自己带来不好相处的坏名声。

第六章　决策：找到更适合的职业路径

在漫长的职业生涯中，每个人都会遇到各种机会，各种挑战，面临着各种选择：如何找到更适合自己的职业路径、到底该不该跳槽、公司里哪个业务条线是最有发展前途的呢？

◐ 你知道公司的“关键路径”是什么吗

如果你想要在一个企业或者组织顺利晋升的话，那么你首先要理解什么是公司的关键领域和关键路径，并且在重要商业领域具备关键技能。

关键路径是企业价值链上最重要的一系列活动。那么，如何确定公司的关键路径？我们可以采用以下几种方式。

公司对成功的关键衡量标准是什么？你可以关注一下公司的新闻、资讯等信息，看看财务快报列出的、总经理和高管团队会议中多次提到的是什么？哪些活动能够提高这些衡量标准？这些活动很有可能就是公司的“关键路径”活动。

关注资金流动。哪个部门和团队能够获得充足的资金，公司对哪个部门的财力和人力投入最大？这些便属于关键路径活动。或者换个角度，经济不景气年份的公司裁员或任务削减中，哪些团队和活动首当其冲？这些便不属于“关键路径”活动。

哪个部门产生的高层领导最多？到了一个新的公司，有时不用刻意打听，就有很多热心人士给你很多建议，你会从中了解到很多高管的信息，会知道哪些部门经理属于“红人”，他们的成长路径是怎样的，那就可以对该公司的企业文化、人事机制有一个大致的判断。

关注高光时刻。在全员大会或关键业务会议上，哪个部门和活动的展示时间最长？在必胜客，是店铺运营部门；在商学院，是终身教职人员团队；在股份制银行，是风险管控、金融科技团队。

对公司的关键路径有了基本判断之后，接下来就要启动“GROW”模型[①]了，主要的步骤包括目标、现状、选择和意愿。

- 目标（Goal）：理想的晋升目标是什么样的？你心仪的岗位有哪些？你想成为什么样的人？业务专家还是管理高手？该岗位所需核心能力是什么？

- 现状（Reality）：你目前的优势和劣势是什么？和目标相比，

① “GROW”模型是由英国管理学家约翰·惠特默提出来的，是一种设定目标和寻找解决方案的实用工具，包括目标（Goal）、现状（Reality）、选择（Options）、意愿（Will）四个基本步骤。

你欠缺的能力有哪些？你可以咨询你的上司或曾经担任过相似岗位的人，同时了解自己与同行在这些能力积累上的差距，之后你便会知道自己应该着重发展哪方面的专业技能，弥补技能缺陷。

- 选择（Options）：想要推进项目需要做哪些选择和取舍？进行价值链分析，自己的工作如何和公司的关键工作流程保持一致。
- 意愿（Will）：你计划的第一步是什么？准备什么时候实施？需要哪些帮助？

你可以选择建立自己的高效专家网络。在完成关键任务时，寻求各个领域专家的建议和支持很重要。专家网络中的人可以遍布公司的各个部门。也可以阅读你所在领域的重要书籍、资讯网站及趋势报告等，积累新经验。

◑ 入错了行，半路跳槽还来得及吗

人们经常会把职业发展的路径描述成爬梯子，一阶一阶地向上爬。但是，这种梯子会限制人的行动——要么往上爬要么往下退，要么站在梯阶上要么跌下来，可选择的空间和余地很小。

实际上，有的人把职业发展的路径描述成一个方格架，而方格架能让一个人拥有更多探索的可能。要爬到一部梯子的顶端只有一种方式，但要爬到方格架的顶端则会有很多方式。和竖梯相比，我们在方格架上能够走出一条时上时下、迂回曲折的独特路线，这可能会为自我实现提供更好的机会。

此外，方格架可以为更多人提供更宽广的视野，而不是只有那些站在顶端的人才能看到最美的风景。但是在竖梯上，大多数攀爬者都不得不盯着上面一个人的屁股。

选择一份工作时只有一个标准是重要的，就是它是否能让你快速成长。当公司快速发展时，要做的事情多到忙不开；而当公司发展放缓甚至停滞时，就会人浮于事，每个人都会受影响。

在任何一个领域里，都存在能激发你成长潜力的工作。成熟的行业可以在其内部找到，比如正在扩张的部门或是团队；而像教育或医药这样的专业性更强、创新空间更大的行业，就需要找出那些对职业技能有更高要求的职位。

很多人因过多关注职业级别而错过了极好的机遇。我的一个朋友在做了4年管理咨询后，意识到比起做咨询公司合伙人，她更愿意从事营销工作。她曾经服务过的一个客户非常愿意邀请她加入公司，同时希望她从分公司的基层市场的营销开始做起，以便加深对行业的了解。

朋友挺纠结的，因为在她看来她目前已经是妥妥的咨询行业的精英了，换一个赛道会让她“从零开始，倒退到4年以前”，身份、收入都会“一夜回到解放前”。

以她的经济能力和家庭实力，完全可以承受暂时的减薪，我便鼓励她尝试一下，但她后来还是决定拒绝这份工作。

舍弃辛苦打拼的成就对她来说很难，我非常理解，但我仍然认为，如果她还要继续工作30年，“倒退”到4年前从本质上来说又有什么关系呢？如果踏上另一条路，更适合她，能让她更快乐，还有机会学到新的技能，那就意味着她实际上是走在正确的道路上，是在向前迈进、不断进步的。

事实上，一个人总是待在同一个职能部门或同一个组织里，会造成他工作上的惰性并限制个人发展的机会。向外寻求不同的工作经验，对个人能力的培养来说是非常有益的。

多少人都处在这样的困局中：不喜欢现在的工作，但又担心重新开始要面对不确定性，甚至付出更多的代价。于是，既无法安心于眼前的工作，又没有勇气开始新的选择，就这样耗着、消磨着自己的热情和精力，死水一潭，不仅困住了自己，更困住了梦想和才华。

一直停留在原地，看似很安全，规避了不确定性的风险，却让我们失去了创造可能性的机会；永远不改变，我们就不知道自己真正能做什么，到最后像困兽一样，连自己都不了解自己了。人生这么长，为什么不尝试一下呢？没有活力的安全感，真的是你想要的吗？

◑ 为什么很多优秀的人，走着走着就掉队了

我们看到在工作中，很多人走着走着就掉队了。本来是很优秀的人，但是慢慢地，他们不再继续学习，随着公司的战略转

型，或者是业务发展重心的调整，原来处在核心岗位却被边缘化，或者升职无望，或者被裁员。

为什么会这样呢？

只见树木不见森林。忙不迭地执行任务，导致自己在一堆任务中迷失方向，却没有退后一步思考并理解工作的战略背景。在工作中，我们要“前进后退，前进后退”——既关注具体细节，又考虑战略环境，把点、线、面结合起来。既要在局中，又要不时地让自己抽离，站在一个更高的维度去思考问题。

闭门造车，盲目赶路。没有了解公司的价值链，没有对公司业务所在的宏观生态环境建立全面的认识，因而无法了解各个碎片化的业务如何整合在一起。全面的认识包括：全面了解所在行业（行业内的相关政治、经济、社会和技术趋势），了解竞争环境（确定哪一竞争对手发展迅速，并分析其原因，了解他们的弱势领域），确定公司可以发展的“空白领域”，买家和供应商的角色及能力等。

其实，“掉队”的风险本来是可以提前规避的，我提供以下几点建议。

及时调整工作重心。识别、理解并接受会对公司业务造成影响的宏观环境的根本性变革，对自己的工作进行必要的调整，集中精力完成有助于提高自己关键绩效指标的工作。

理性看待优势技能。过于依赖自身优势会掩盖关键技能的缺失，你将无法找到阻碍职业发展的技能盲点。

注重能力转换。随着职业道路的发展，你需要从提高技术能力转变为培养人际交往能力，并且适应由确定向不确定的转换。

提高学习敏锐度。学习敏锐度是指从经验中吸取教训以及将所学应用于新的挑战、提升表现的意愿和能力。业绩卓越的员工擅长培养自己的学习敏锐度，建立学习圈子，分享和交流想法与教训。

丰富职业经历。请尽量丰富自己的职业经历，促进个人发展与提升，尽量向公司争取横向调动，更多地接触自己从未涉足的领域，争取加入跨部门项目。

找到自己欠缺的技能，进行弥补。目前的能力与工作要求的匹配度如何？自己还欠缺哪些技能？可以通过参加哪些项目来补齐自己的短板？

刚开始做营销宣传的时候，我买了一个笔记本。阅读了大量营销宣传相关的名作，尤其是知名广告大师奥格威的《奥格威谈广告》，看了大量的广告宣传案例，最后我总结出8—10个我认为优秀营销宣传人员应该具备的技能，并将它们列在笔记本上。然后，我根据这个列表对自己当前的能力按A至F进行了打分评估。例如，在30岁时，我对自己的评分如下。

- 定价工具与分析：B+
- 文案写作：B+
- 市场划分、目标市场选择以及产品定位：C

- 项目/任务团队管理：B+
- 广告公司管理：B
- 渠道营销与销售：D
- 新品研发市场调研：F

完成评估后，我通过主动要求参加新项目，咨询某项技能十分突出的营销人员，阅读有关市场营销的书籍和产品、定价相关的文章，慢慢地查缺补漏。我学到新东西后，就会将它们记在相应的表项中。那个笔记本我一直保留至今，有时我还会拿它和新同事们分享，给他们讲主动丰富自己的技能、弥补技能缺陷的重要性。

◑ 如何建立脱颖而出的优势

如果想要确保自己始终走在正确的职业发展路径上，并且正在专注发展应该具备的能力和优势，可以思考以下两个问题：

- 相比于做类似工作的人，我是否具备目前这一岗位需要的核心能力？
- 我是否具备“正确条件”，并且基于此发展自己的职业道路，保证在未来实现职业成功？

想要回答第一个问题，你必须知道如何将自己的长处发展成目前岗位真正需要的核心能力。你还需要与和你做同类工作、同一岗位的人进行对比。“呆伯特”系列漫画的作者史考特·亚当斯的话值得大家借鉴。

亚当斯说，如果你想取得出类拔萃的成就，大概有以下两个选择。

第一个选择是，你把自己的某个技能练到全世界最好。这个非常困难，极少有人能做到。

第二个选择是，你可以选择两项技能，把每一项技能都练到世界前25%的水平，这就比较容易。同时拥有两个能排在前25%的技能的人，其实是很少的，而如果你能把这两个技能结合起来去做一件事，你就可能取得了不起的成就。

比如亚当斯自己，他不是世界上画画得最好的，但是他的画画技能能达到前25%的水平。他写笑话的技能也不是全世界最好的，但是他写笑话的技能也能达到前25%的水平，现在他把这两项技能结合到一起——画“呆伯特”漫画，能做到这一点的人就太少了。

而亚当斯其实还有第三个技能，那就是他此前在办公室工作了很多年，特别懂“办公室的事”！“办公室的事”恰恰就是“呆伯特”漫画的主题——这就是3个厉害的技能放在一个人身上产生的化学反应。

所以亚当斯给年轻人的建议是，不管你真正喜欢的领域是什么，你要努力在这个领域练到前25%，然后你还得再加1个领域的技能——当然能加2个更好。如果你不知道该加什么领域，建议你练习演讲。

亚当斯说，演讲这个东西，只要愿意苦练，就一定能练好。如果你是个前25%的程序员，你们公司有很多也是前25%的程序员，但你同时还是一个前25%的演讲者——那你天然就是其他那些程序员的领导呀。

一个维度比的是长度，两个维度比的是面积，三个维度比的是体积。

如果你是一名技术产品经理，那么你不仅需要具备强大的组织能力，还要能够与其他相关部门进行有效沟通。在这两种能力上，你是否优于其他和你是竞争关系的产品经理？

如果你是一名HR，你是否比行业内其他HR更擅长业务和经营，进行市场调查、寻找新生意？

如果你是一家软件公司的销售经理，你是否比其他公司的销售经理更擅长销售，能吸引更多新客？

马利是一家玩具公司的产品营销经理，他能够突破固有思维模式考虑问题。他充满好奇心，会刨根问底地提出许多问题，能够找到推动企业发展的新增长点。同时，他具备强大的分析能力，能够评估产品组合的定价策略并对其进行调整，提高整体盈利水平。他也能够评估广告支出的效能并进行调整，提高投资回报率。

这两种能力——创新性思维和强大的分析能力，对产品营销经理来说至关重要。果然，没过多久，马利就脱颖而出，成为新成立的产品创新部的负责人。

所以，一定要了解对工作岗位来说至关重要的能力。你可以咨询你的上司或曾经就任过相似岗位、能够站在你的角度思考的人，同时了解自己与同行在这些能力积累上的差距。之后你便会知道自己应该着重发展哪方面的专业技能。

◑ 你必须知道的几项职场“软实力”

除了获得成功的长处或者优势，几项重要的“软实力”也不容忽视。具备专业技能优势的人，通常会凭借以下3种特质在竞争愈加激烈的环境中脱颖而出。

主动性。他们会主动探索各种学习方法，不断提高专业技能，促进个人发展；他们会寻找具有挑战性的任务，提升发展技能的速度，获得职业晋升机会。

情商高。能够与他人建立良好的人际关系，避免遇到人际关系问题。

坚持不懈、结果导向。设立延伸性目标——需要努力才能达到的目标，聚焦于投资回报率最高的工作，为整个团队的结果负责。

在被公司纳入员工技能开发项目的所有能力中，这三种能力最能从长期角度衡量一个人能否成为业绩卓越的员工。

这三者中，主动性最为重要。对自己有较高要求和期望、业绩卓越的员工往往属于“学习导向”型人才——想要不断学习和提高自身，他们会不断发展个人能力和专业技能。

“学习导向”的个性能够帮助他们从经验中吸取教训，不再重蹈覆辙。陷入困境时，他们能够决定下一步行动。他们充满好奇心，不断学习新知识，积累新经验。他们喜欢刨根问底，经常会问“如果这样做，结果是什么？”他们通过提问了解事情如何运作，为什么会呈现目前的状态，条件如何能够得到提升和改善。他们会主动寻求绩效反馈，获得他人的建设性意见，从而提升自己。

职业发展出现停滞的原因，往往是人们没有学习新技能或发展新能力。技术创新导致环境不断变化，因此员工需要快速学习并发展新技能。过度自信和眼界狭隘组合在一起会带来致命后果，很多人往往因此陷入困境。他们被成功冲昏头脑，觉得自己“无所不知”，不再听取他人的意见。他们一味依赖过去帮助他们获得成功的东西，却惨遭反噬。

第二大关键能力是“与他人建立良好的关系”。不论头衔如何，即便所处的环境恶劣，仍然能够以积极的态度对待工作，以活力和热情感染他人。这些业绩卓越的人能够凭借自己的高情商建立良好的人际关系，获得他人的支持。

根据一项进行了10多年的针对管理者和领导者的360度绩效

评估数据显示，情商低下导致的问题包括：戒备心重，不顾及他人感受，傲慢自大，情绪多变，缺乏同理心，50%的职业困局由情商低下所致。拥有这项能力的员工的高情商具体表现为：自省能力、自我意识能力、自我管控能力以及社会理解能力。

其中，自省能力、自我意识能力和自我管控能力属于自我认知能力，涵盖了我们内心思考的全过程：感觉、感知、理解、评估，是一种理解并控制自我情绪，在高压情况下保持镇定，控制冲动和欲望的能力。就像两千多年前老子所说："胜人者有力，自胜者强。"

收到负面反馈或职业生涯受挫时，这些人会采取的方式是：以积极的态度看待不如意，寻找激发工作热情的驱动力，以便重新投入工作，避免陷入恐慌。为了实现这一目标，他们会不断自我激励：挫折是提高自己的最佳方式，如果我能够调整自己，渡过难关，我就会得到提升，达到更高的境界。通过不断鼓励自己，提升信心。

◑ 如何在日常工作中找到"激情"

事实上，我们大部分的激情都源于爱好和艺术，但它们却和事业无关。

"激情论"最不靠谱的地方在于，大部分人都没什么能当作职业的喜好。大家扪心自问一下，我们刚毕业时，别人问：你爱做什么？大概率的回答是：喜欢旅游、美食、健身、看书和电影等。但仔细想想，这里面有几个，是和你真正从事的职业有关的呢？几乎没有，这些顶多是你的兴趣爱好而已，谈不上能从事的职业。

这些激情虽然在学生时代所占的分量很重，但是对于职业选择并没有多大贡献。如果我们连相关的激情都没有，那么追随激情又从何谈起？

对一个兴趣爱好充满激情特别容易，但想要通过追求激情来成就一番理想和事业却很难，最后反而会失去热情。尽管激情能够给我们带来一时的冲动，却无法保证你持续的投入。

根据耶鲁大学组织行为学教授艾米·瑞斯奈斯基的研究，最快乐、最有激情的员工不是那些将激情转化为工作的人，而是那些做得足够久并且勤于思考从而擅长自己所做事情的人。

如果有了多年的经验，你就会在自己的工作上更加出色，而且会产生效能感、成就感。你还会有时间发展良好的同事关系，会看到自己的工作给他人带来的巨大好处。

对事业的激情并不是先天存在着待我们发掘的，而是需要时间的沉淀和后天的培养。

那些在自己行业里游刃有余、独当一面的人，并不是因为天生就对这份工作有激情，他们的激情往往来自长年累月的经验积累和能力提升。

一旦你能胜任一份工作，你就能够持续获得正反馈，自然就会心生激情，做很多创造性的尝试，不仅成就自己，也给别人带来积极影响。

作家丹尼尔·平克在他的书《驱动力》[①]中提出了“自我决定理论”：不管是在工作场合还是在其他场合，如果想要获得动机，你都要满足3种基本的心理需求，而这些需求是个人在工作中感受到内在动机所必需的，因此被称为工作的“营养物质”。

- 自主：感觉对自己的生活拥有控制力，并且感觉自己的所作所为是重要的。
- 胜任：感觉自己擅长自己所做的事情。
- 归属：感觉自己能与他人建立联系。

最后一项需求是最不令人意外的：在工作中感觉自己与别人的关系很紧密，你会更喜欢工作。前两项需求比较有意思。例如，自主和胜任显然是相关的。在大部分职业中，如果在自己的事情上做得更好，那么你不仅会因表现出色而产生成就感，而且，作为奖励，通常还能更多地掌控自己的职责。这些结果可以用来解释艾米·瑞斯奈斯基的发现：经验多的人会更喜欢他们的工作，原因之一可能是胜任和自主掌控时间，这会给人带来愉悦感。

① ［美］丹尼尔·平克：《驱动力》，龚怡屏译，浙江人民出版社2018年版。

对于大多数人来说，假如他们愿意为达到一定的精通程度而付出努力，那么胜任和自主在不同的职业中都是可以实现的。

正是这些特质让我们有了在事业上不懈追求的渴望和激情，而这些特质稀缺又宝贵，并不是每个人都能轻而易举地得到。

如果你想成为一个优秀的产品经理，你就要拥有对事物的洞察力、思考力和想象力，具备高效表达的沟通技巧。如果你想开一家创意咖啡店，你就应该有足够的资金来支付房租和经营支出，更应该具备相当的创意知识和审美意识。

理想和事业需要实力来支撑，看到很多成功人士对自己的事业抱有莫大的激情，就误以为是激情带来了成功。其实，成功和激情相关，但相关并不是绝对的因果关系。

◑ 你必须足够努力，再来谈野心

一个人能否在自己的职业发展中取得成就，不在于天赋，而在于是否在正确的时间、正确的地点积累到大量的经验。

工匠思维让我们有了长期专注于打磨自己、追求卓越的精神和态度，愿意沉静下来，努力让自己变得优秀，关注自己能给世界带来什么；而激情思维则总是在寻找热情所在，关注自己能从事业中获得什么价值。有些人是用后一种思维方式来对待自己的职业生涯的。

假如只关注工作能给自己带来什么，这会让你把注意力都放在工作中自己所不喜欢的方面，从而导致自己长期处于不愉快、不满意的状态。初级职位尤其如此，因为从职责上来说，这些职位不会被分配太多有挑战性的项目，更多是按部就班地做一些琐碎的、基础的工作。如果你带着激情思维进入职场，那么分配给你的那些琐碎的任务，或是在工作中遇到的小挫折，都会让你变得沮丧。

更严重的是驱动激情思维的深层次问题，即“我是谁”以及“我真正热爱什么”这种哲学问题，基本上没有确定的答案。“这才是真正的自我吗”和“我热爱这个吗”这样的问题很少能简单地回答“是”或者“不是”，反而会让你永远处于不满和困惑的状态。

工匠思维要求我们不要以自我为中心，不要去担心工作是不是“刚好合适”，而是要俯下身子、努力让自己真正优秀起来。没人欠你一份好工作，你要自己去努力争取，而且这个过程不会一帆风顺。

生活总是青睐于那些实干家，不要被一时的激情冲昏头脑。要成就理想中的事业，不但需要你做有趣的事儿，更需要你做很多费力的事儿，后续的精通更需要持之以恒的专注、努力和刻意练习。激情，往往是个被高估了的要素。

面对别人的成就，我们往往只看到了他身上耀眼的光芒，却忽视了光彩掩盖下那个努力付出、默默积累的灵魂。

丹妮从事广告职业多年，长期的高强度工作让她疲惫不堪。一个偶然的机会让她接触到了瑜伽，她非常喜欢瑜伽的简洁和力量。

于是，她决定开办一家瑜伽工作室。她放弃了打拼多年的营销行业，转行到了一个不相关的领域，一切从零开始。

鉴于瑜伽的热门程度，在瑜伽从业者技能金字塔中，只接受过一个月训练的丹妮处于最底端。这意味着，她还要走很长的路才能让自己优秀到无法被忽视，她在自己的瑜伽职业生涯中几乎没有任何可以依靠的力量。因此，对丹妮来说，事情的发展不会顺利。不幸的是，结果正是如此。

2020年，受疫情影响，丹妮的事业举步维艰，她授课的一家健身房关门了，私教的需求也大大减少了。

想要让自己的职业成就卓越，并非只有“激情和梦想”就可以了，它还需要有真正高价值、高水平的技能。我们往往不是因为有激情才会把一件事情做好，而是因为我们可以把一件事情做好才变得越来越有激情。

想要成就理想中的事业，相较于激情，内心的那份毅力和坚守，才更加重要。

当你不够优秀的时候，那些所谓的机遇都只是虚影。而那些能把机遇的虚影变成现实的人，往往都是认真积累能力，好好打磨自己的人。

我非常认同这样一句话："当你的才华还撑不起你的野心时，你就应该静下心来学习；当你的能力还驾驭不了你的目标时，你就应该沉下心来历练。"

与其急切地追寻把握不住的机会，不如沉下心来打磨自己，静静地等风来。

◑ 工作环境很糟糕，要不要离职

在与上级或同事发生矛盾时，有些人无奈选择离职。但是你要确保在离职之前，已经把方方面面的问题都考虑到了。比较好的做法是，已经找到下一份工作才提出离职，而不是一时冲动，不计后果。

下面是一些诊断性问题，让我们来问问自己。

你是否觉得自己不受尊重？

在与所谓的粗鲁无理的人的互动中或互动之后，你是否感到压抑、被贬低、不受尊重，或灰心丧气，或者以上都有？

如果这个问题的答案是实实在在的"不"，那么就没有问题了，或者至少不是一个需要太多注意的问题。但是如果答案是"是"，那就意味着你正在遭受心理伤害，此时采取保护措施是明智的。

这些恶劣行为是偶尔为之还是一贯如此？

我们所有人都有可能在错误的条件下做错事。我们有时也会无意伤害他人，理由则永远用不完——疲惫、匆忙，但我们事后会为自己的行为感到愧疚和不安，也会想办法加以弥补。

然而，也确实会有一些人，在职场上打压同事，使对方感觉压抑、被羞辱，使这个人泄气、变得更糟。

检视一下，对方的敌意是一种蓄意的打击，还是因为他们只是度过了艰难的一天，内心压抑之下的无意识发泄。

这是个人问题还是系统问题？

如果这个地方充满敌意和不尊重，实际上你是无处藏身的。当然，不要把一两次不好的经历或一两个令人不愉快的人，误认为是系统问题。

你愿意结束这种状态吗？如果你难以抉择：

- 想象一下继续处在这种环境中，下周你会是什么样子。细节越多越好。脸上什么表情？对方的脸上是什么表情？他会说什么？当你听到他说话的时候有什么感受？
- 现在，想象一下明年的情景。同样，细节越多越好。你的工作是什么样子？什么让你开心？
- 接着想象一下3年后的情景。依旧是细节越多越好。你的工作是什么样子？这是你想要的工作氛围吗？

- 现在，问问你自己，这个工作有多大可能性带给你想要的未来？如果你像现在这样继续下去，你的未来会是什么样子？

你知道事情很糟糕，但你已经投入了如此多的时间和精力，你被“投入太多以至于难以放弃”所折磨。这种心态是由扭曲的认知推动的，因为多年来，我们致力于告诉我们自己和别人，所有的时间、努力和痛苦都是值得的和重要的，否则我们就不会如此投入其中。

有时候，当我们觉得工作不顺或憋屈的时候，会有强烈的冲动，想要痛快地把与自己有矛盾的老板和同事痛骂一顿，然后潇洒离开，挥挥手不带走一片云彩。戏剧性逃离或实行报复的幻想是很有趣，然而，现实总是很骨感，冲动的代价很昂贵，不是谁都有资本。

冲动型退出发生在辞职中约占15%，那些觉得自己受到了不公平待遇的员工，倾向于使用愤怒和突然的辞职方式。

但需要谨慎为之。这种冲动是危险的，可能会给自己带来麻烦，并让你为此付出代价。当你准备用鲁莽的方式离职的时候，先问一问自己：“我还有其他的选择吗？”“我愿意承担多少风险？”

有一位刚毕业的年轻咨询顾问小朵，她在一位资深合伙人身边已经度过了实习期的一半。尽管压力很大，在充分考虑之后，她还是决定再忍受几个月。

小朵的理由是，暂时没有比目前的工作更好的选择。在资深合伙人身边实习，对新晋咨询顾问来说非常难得，有机会参与很多重要项目，了解公司的整体运营机制，更重要的是可以学习资深合伙人如何处理问题，包括竞标、项目推进、客户沟通等，个人可以快速地成长。

最让她难以忍受的是资深合伙人的情绪化和吹毛求疵，她会为诸如“不正确的倒水方式”之类的琐事勃然大怒，这让小朵时刻处于小心翼翼和焦虑紧绷的工作状态中。当然，几个月的时间也在小朵的容忍范围内。

离职的最佳时机就是你发现这份工作并不适合你的时候。虽然大多数人都知道，决策时不应考虑沉没成本，但对于人类来说，“投入太多以至于难以放弃”的情结是一种相当强烈的驱动力。年复一年，我们为之不断奉献，不断说服自己和别人事物所蕴含的价值及其重要性，不然也不会让自己深陷其中。

其实，放弃是一种无可厚非的行为。放弃说明你能够控制局面，主动地选择离去。你不需要将自己牢牢地锁在一个无法运转的囚笼之中。

在很多人眼里，放弃是软弱的表现，虽然事实并非如此。

有时，放弃是一种最勇敢的选择，因为它需要你坦然面对现实，并向大众宣告自己的失败。放弃的积极意义在于，它可以让你在一个全新的平台上重新开始。而且如果你愿意花一些时间回顾自己的经历，那么放弃也会成为非常有价值的学习经验。

当小迪从某软件公司离职以后，他觉得自己是失败的。小迪对自己的人生有着清晰的规划，离职是因为他意识到自己无法在这家公司实现梦想。

他对公司失望至极的一个原因是，他对公司的产品以及工作内容毫无兴趣。他喜欢构思整个公司的蓝图，勾画未来的景象，但在日复一日枯燥的管理工作中，他的兴趣日渐消减。

然而，仅仅过了一段时间，小迪就发现，放弃这份工作为他提供了新的机会，让他重新激活了自己的激情与决心，也让他能更好地利用自己的技能。

小迪的这种“失败感”非常普遍，而且往往会让当事人感到心痛。当然，这种失败感只是暂时的，毕竟要离开自己熟悉的一切是会不适应。经历过“阵痛”之后，或许你会发现柳暗花明，豁然开朗。

如果你能以冷静、理智的方式离开，给每个人都留点面子，那就更好了。所以，当你辞掉工作或放弃客户时，试着提前通知他们；如果可能的话完成你的工作，做好工作交接，不要让别人陷入困境。这样一来，你就不会烧毁那些以后可能用得到的社交桥梁。

第三部分

成就更好的自己

第七章　逆商：进化，养成坚韧人格

每天无休无止的客户电话、PPT改过一版又一版……很多职场新人最大的心酸，在于不得不承认，有时即便用尽全力依然得不到认可，情绪波动像过山车，时而踌躇满志，时而低落抑郁。

◑ 学会把情绪从危机中抽离出来

出于原始的自保机制，我们倾向于预测消极的结果，而不是积极的结果。想一想，在树丛中发出沙沙声的可能是你的朋友，也可能是你的敌人。如果你认为那是朋友，你最终可能会被狮子吃掉，或者被洗劫一空。由此可见，消极偏见更可能让你生存下去。

当面对威胁时，我们的反应是“战斗、逃跑或按兵不动”。此时，所有的能量都进入我们的身体，我们专注于生存下来。这么做有利于行动，却不利于思考。

当我们面对原始树丛时，这么做有用，但在会议室中，这么做却没有用。在会议室中选择逃避或按兵不动没有任何意义。

此时此刻，你所面临的挑战是控制自己的情绪和冲动。如果能做到这一点，你就已经超越了90%以上的人了。很多优秀的职场人都掌握了在紧急时刻能够帮助自己的心理技巧。以下是我听过的一些技巧。

- 我会从1数到3；
- 我会深呼吸，就像我在冥想中学习到的那样做；
- 我会想我的榜样会做什么；
- 我会以超然的态度观察周围所发生的一切，然后我就能确定自己真正想要的结果是什么；
- 我会去让我感到快乐的地方（通过想象），在那里我总是感到放松和平静。

不管你的技巧是什么，只要你有一些能让自己冷静下来并控制住自己情绪的心理技巧就行。通常，紧急时刻可能只持续2—3秒。一旦做到了这一点，你就可以重新控制自己的思想和情绪了。你给了自己一次做出更好选择的机会。

在危机中，事情的发展速度非常快，人们的本能和冲动很容易占据上风。但是在职场，大多数危机不是在几秒内发生的。它们会在几分、几小时甚至几天内展开。尽管如此，我们还是很容易看到同事们屈服于冲动，他们进入“战斗、逃跑或按兵不动”模式。

- 吵架：开始责怪别人；
- 逃离：开始转移行动，如长时间地做分析和报告，这么做给人的感觉是你在做某事，但实际上你什么也没做；
- 按兵不动：保持低调，希望危机能够过去，或者寄希望于其他人来应对危机。

这些都不是有益的反应。

让自己停顿一下，把情绪从危机中抽离出来，理解到底发生了什么。让理性取代情感，这是一个良好的开端。

◑ 那些“纠结”只会让你越来越不幸

在人生的岔路口上，需要做艰难选择的时候，人的正常反应就是纠结、迷茫、痛苦。

芸芸众生各种纠结、各种痛苦在所难免。其实纠结一点意义都没有。

与其在纠结、犹豫中“混日子”，不如直面问题，主动做选择。

不想虚度人生的人，不会纠结。会纠结是因为，只想要“好的结果”，不想为曲折的过程付出。纠结的人内耗太严重，没有充足的能量来完善自身成长。

纠结其实是关注焦点的问题——你一直遗憾地纠结过去，甚至希望有时光机器能把你带回去，而忽略了眼下该做的事。每当你发现自己又在纠结过去的消极事件时，你可以用以下办法来改善情况。

如果你纠结的事情与你的个人表现相关，你要明确它属于意外还是失败。如果是意外，那就再试试；如果是失败，那就要庆祝自己排除了一种错误途径，可以再想新的办法，重新来过。如果你怀疑意外和失败的成分兼而有之，比如反复遭到拒绝，那你就要在找到新办法后继续尝试。

修正错误的自我对话方式。如果你发现自己陷入了“本应该”的思维陷阱，可以尝试使用“本可以”取而代之，因为“本可以”让人感觉多了一种可能性，而不是仅仅在批判错误。同样，你要努力理解自己当时的决定。不论做什么事，我们总是有做它的理由，既然这样，你就要努力理解自己当时的想法。

积极行动起来。纠结带来的最大的问题是无所作为。如果你的想法一直停留在过去，就不可能高效地专注于当下。要想让自己积极起来，你要培养一些每天都做得到的微习惯，不仅如此，你还可以将微习惯的逻辑应用到其他方面，即从小事开始。如果你对近期的不愉快耿耿于怀，那么就定下目标，在什么时间内给某个朋友打个电话或发封邮件，一定要以按下“拨号”或“发送”键的时间为准。过不了多久，你们也许就会一起为别的事开心地大笑，因为朋友会帮助你走出消极情绪的旋涡。

◑ 每次跌倒都会让生活更加美好

飞机的“黑匣子”思维，是一个很好的工具，可以应用到我们的日常工作中。

我们常常会对他人感到失望，却很少对自己感到失望。要想把自己看得更清楚，前提条件是拥有一个你绝对信任的，并且能毫不掩饰地告诉你真相的诤友。即便如此，你的大脑也仍然会尝试美化那些“不理想的”事实，随着时光的流逝，你会逐渐学会认真对待他人的评价。

请为自己打造一个“黑匣子”（一个笔记本足矣），在你做出重要决策的时候把头脑中所有的想法都记录下来，包括你当时的假设、思考过程以及后续的结果。如果你的决策最终被证明是失败的，那你便需要查看一下自己的“黑匣子”，并仔细分析一下是哪里的误判导致了最终的失败。

只有你了解了失败的原因，你的人生才会因为这次失败而变得更加美好。如果你无法了解自己究竟错在哪里，或者你总是认为都是别人、客观环境造成的，你自己没有任何责任，那你就还没有真正认清这件事，也没有看懂你自己。换句话说，如果无法解释自己的跌倒，那你下次还会在类似的地方跌倒。

我们时不时地将事情发生的原因外化：我们将自己的不幸归咎于这个世界，而不是自己。过多地把责任推给外部世界意味着你失去了动力，你开始相信自己是命运（或他人）的受害者，而你自己无法控制局面。如果你总是把自己遇到的挫折归咎于外界，那你就永远不会从中吸取教训。

必须在将来的生活中避免再出现已经查出的错因。知名投资人查理·芒格曾说过："如果你不去着手解决一个问题，而是一直等到它变得无法解决，那你真是太愚蠢了，这份愚蠢让你理应接受问题的惩罚。"不要等到一发不可收拾才开始行动。

想象一下，假如你没带降落伞就从一架飞机上跳了下去，那么你依旧会有几分钟的好光景——可以看看美景、感受疾风吹过脸颊的微痛，以及那种自由的感觉，但几分钟后你就会面临灭顶之灾。所以即便你现在面临的问题没有如此棘手，也应当在脑海中回想一下上面的场景。

你要接受现实，而且要彻底、完全地接受，包括那些你不喜欢的事实。即便对你来说目前接受现实十分艰难，你也要这么做。生活不易，即便现在身处美好的生活之中，你也必须让自己能够应付诸多失败。

偶尔跌倒是难免的，重要的是找出跌倒的原因，并在今后排除这些因素。

◑ 控制情绪崩溃，只需这一招

说到情绪管理，对于多数人而言还是很难的。甚至有些人只要有了情绪，就立马想发泄出来，感觉不发泄自己的情绪，就委屈了自己。

实际上，我们每天会面对不同的人和事，会让自己陷入不同的情绪状态中，喜怒哀乐都会经历，有些情绪是我们喜欢的，有些情绪是我们不想要的。愉快的感受总是稍纵即逝，不好的状态总是如影相随，我们越是急于逃离，越是逃无可逃。

其实，这些感受只是偶尔来拜访我，随后便离开了。你也可以想象一个画面：将自己的心理世界看成是一个开放的、妙趣横生的集市，集市上空会有各种各样的鸟儿飞过。

有时候鸟儿仅仅是飞过而已，有时候它们会驻足一会儿，甚至留下粪便。其中一些鸟儿很讨人喜爱，而另一些你却不怎么喜欢，但无论如何，最终鸟儿都会飞走。

自从在脑海中构想了这幅画面之后，我便再也不会被自己的情绪把持了。我不觉得自己是它们的主人，虽然有的感受就像那些不受欢迎的鸟儿一样，但它们并不会那么让我讨厌。

这些感受，我要么忽视，要么远观。这种鸟儿的类比，你可以尝试一下，如果能将每种感受都看成是某一种鸟儿，那你便能够以戏谑的方式来处理自己的感受了。比如在我的想象中，“嫉妒”是一只绿色的、叽叽喳喳叫个不停的小鸟，“紧张”如同一只正在啄树的啄木鸟，“愤怒”好比急速府冲的猎鹰……

生活经验告诉我们，越是有意识地驱赶负面情绪，这种情绪便会越发强大。然而如果我们能以轻松随意的态度来对待这种情绪，尽管我们的内心还是无法获得彻底的宁静，但我们却能在一定程度上保持平和的心态。

如果鸟儿的比喻在你眼中并不合适，那你可以将自己的感受当成一群小孩子。在面对他们时，我们单纯用施压的方法很难达到效果，然而如果抱着游戏的心态同他们打交道，我们便几乎总能如愿以偿。

有一个老人退休之后，想静下来写作，就在郊区买了一处住宅，房子的左侧有一个大草坪，房前有一条河。

刚开始的一段时间，一切都很好。可是没过几天，一群孩子放了学就来这里玩，他们高声叫喊着打水仗，还相互扔泥巴玩，甚至把草坪踩得乱七八糟。

老人实在受不了，于是他去和孩子们谈判："你们玩得很开心，我也喜欢看你们打水仗。如果你们能天天来玩，我给你们每天一块钱。"

孩子们更加开心地打起水仗，然后也获得了老人给的钱。

过了两天，孩子们玩过之后，老人假装悲伤地说："我的养老金收入减少了一半，每天只能给你们五毛钱了。"

孩子们很不高兴："太少了，我们不干了。"

从此以后，孩子们再没有来过。

请保持游戏的心态去面对各种情绪状态，因为它们无论是到来还是离开，都不会遵循你的意愿。

下面的三步法非常简单，也很有用，你可以尝试一下。问自己以下三个问题。

- 我感觉如何？
- 我为何会有这种感觉？
- 我要做什么？

这最初被称为“如何、为何和什么”模型，它是这样运作的。

我感觉如何？大多数时候，我们并不会问自己的感受如何，我们只是陷入感觉的漩涡无法自拔。意识是通向选择和控制的大门，如果从未意识到自己的感受，那么我们就会失去控制。一旦你意识到这一点，你就可以选择是否想要那样的感觉。

我为何会有这种感觉？想想所有让你消极思考的外部因素。如果不喜欢的人故意让你心烦意乱，那你完全有理由感到生气和烦恼，但是没有谁规定你一定要对此感到生气和烦恼，你可以有自己的不同选择。

我要做什么？你可以选择继续保持消极情绪，也可以打破消极，做一些放松的事情，例如追剧、看电影。

在成功的路上，最大的敌人其实并不是缺少机会，或是资历浅薄，成功的最大敌人是缺乏对自己情绪的控制。愤怒时，不能止怒，使周围的合作者望而却步；消沉时，放纵自己，浪费了许多稍纵即逝的机会。

◑ 情绪化，只会把你拖入失败的泥潭

村上春树在其长篇小说《舞！舞！舞！》[①]中说："你要做一个不动声色的大人了。不准情绪化，不准偷偷想念，不准回头看。"小时候，我们很容易把喜怒哀乐放在脸上。但长大后会发现，所谓成长就是把哭声调成静音的过程，职场不是可以肆意释放情绪的个人舞台，成年人的情绪要可控，要自己消化。

生气解决不了任何问题，负面情绪反倒会把你拖下沼泽，让你难以爬出。

有些人出现在你生命中，似乎就是专程来给你来添堵的。你不要被这种人牵扯了太多精力，你需要做的，是让他尽快淡出你的人生。

有人用一些难听的话中伤了你，你并不需要和他打一架才能出气。对一个人最狠的"报复"，不是和他吵架争个高低，而是留给他一个永远高攀不上的背影。云淡风轻，是因为底气十足。人这一生，最宝贵的就是时间，要把它用得有价值。

很多时候，我们无法掌控自己的状态，当一种强烈的情绪汹涌而来，我们的认知就会短路，不再用理智去认知世界，而是陷

① ［日］村上春树：《舞！舞！舞！》，林少华译，上海译文出版社2018年版。

在过去的经验里，回到一些自我想象里。情绪就像人心中的一片海，会者乘风破浪；不会者陷落其中被吞没得无影无踪。我们要做的，就是做情绪的主人，而不是被情绪所控制。

◑ 放弃对最佳路径的幻想

人生之路并不是只有一个方向的单行道，相反，它四通八达，对所有人都免费开放。如果你的目标是从A到B，不一定非要走那条笔直的大路。

一旦你从痛苦中走出来，并变得更坚强，你就会明白，要想定义最佳路径绝非易事。世上没有人愿意经历痛苦，但痛苦却是教会我们最多本领的老师，能让我们获得脱胎换骨的成长。

我并不是在说，我们应该莽撞地冲向最令我们感到痛苦的事情，我只是想告诉你，一切经历都是有价值的。也许有些选择明显优于其他，但寻找最佳路径并不是我们人生的目标，向前发展才是。更准确地说，你最不该做的选择就是毫无作为。

有了前进的目标，你就知道了自己的目的地。但在路径的选择上，请多给自己留一些余地。如果你在选择时有更多变通，能够百折不挠，你就能达成更多的心愿。

人们往往要到遭遇重大逆境之时，才会被迫激发出自己之前很少用到的潜藏在最深处的力量和能力。精神创伤专家朱利叶斯·西格尔说：“在相当多的案例中，那些遭受过痛苦并战胜痛苦的人发现，在经历磨难之后，他们的境界和行动力会更上一个台阶……人生中那些糟糕的经历尽管会给我们带来痛苦，却也可能成为我们的救赎。”①

当你止步不前时，你的痛苦与日俱增。当你能从容应对困难，将不幸转化为幸运时，你便能柳暗花明，撒种成花。

如果你希望能更好地应对生活中的不幸，你可以按照下面的办法来舒缓紧张情绪，避免感到无助和无望，并保持和增强活力。

你可以将让自己觉得烦恼和忧心的事物都列出来，形成消极体验清单。你可以问问自己：是什么让我感到心烦意乱？是什么让我感到不快乐？是什么让我感到有压力？不要着急，慢慢来，请好好考虑一下。

片刻之后，你可以逐项查看消极体验清单的内容，问自己以下问题。

- 如果我不那么在意该事物，那么我会怎么样？如果我避免接触该事物，那么我会怎么样？
- 我能为此做些什么？我该怎样做才能改变困扰我的事情？
- 我能让该事物消失吗？我能把它从我的生活中抹除吗？
- 当我无法避免它，无法改变它，无法让它消失时，如果我改变了自己，那么我能改变现状吗？当我下定决心不让它再打扰

① ［美］阿尔·西伯特：《抗逆力养成指南》，王瑾译，机械工业出版社2021年版。

我时，会发生什么？

- 我能从中学到什么？发生这样的事情会有什么好处？

你可以在清单中选择一两项事物，并制订相应的行动计划来做出一些改变。

◑ 如何以最快的速度战胜失败

当然，失败必定会带来一段下坡路。只要能从失败中总结经验教训，你就能更快地重新站起来，避免继续走下坡路。事实上，如果你能吸取失败的教训，学习新知识，做好更充足的准备，那这就是建设性失败，能让你今后以更快的速度走上坡路。

失败难以避免。你应该反思并吸取教训，但不能让失败长时间地拖你的后腿。

如果过于在意失败，或者是太过情绪化地对待失败，失败就会长时间地影响你。你会花很长的时间来回味失败，从而影响自己积极对待失败的能力。

导致你走下坡路的并非失败本身，而是你对失败的态度。这是一个快速发展的世界，你必须能快速从错误（不仅是自身的错误，同时还有其他人的错误）中进行学习，从而增加自己保持领先的机会。

接受失败，人人都会遇到

如果你因为失败而烦恼不已，放心，并非只有你一人如此。人类天生就害怕失败。从进化的角度来说，这也是源于基本的生存意识，在原始社会，失败意味着没有食物或者没有可以遮蔽的地方，即无法获得生存的必需品。

同样的原则也适用于现代社会。人们本能地想要成功，希望可以避免失败。很遗憾，失败是不可避免的，这本身就是我们人生经验的一个重要组成部分。

重新评估，避免重蹈覆辙

通过重新评估，你可以从错误中吸取教训，避免重蹈覆辙。过去行不通的方法并不一定意味着在未来也行不通。有时候情况发生了变化，过去曾经被质疑的东西，也许现在会赢得大家的掌声。

有时候，表面看来的失败事实上可以帮助你奠定强大的基础。你需要更多的时间或洞察力来思考如何以此为基础获得发展。橡皮泥、青霉素、告示贴以及其他许多产品都是从错误或失败的产品中发明或发现的。

反思，继续前行

反思是从失败中进行学习的关键要素。如果说过去是序言，那么你必须学会利用过去来书写接下来的篇章。

失败可以弥补吗？你下次能做得更好吗？是否有另一种方法来处理这种情况？通过问自己一系列类似问题来评估自己当前的处境，你将能更快地找到根源，制订新计划。

请不要在失败上纠缠太长时间。在评估完情况并制订了行动计划后，就忘记失败吧，继续前行。反复在失败上纠缠可能会带来严重的负面结果，会导致自己接着走下坡路。不要扮演受害者的角色，如找一些消极的理由，或者是谴责其他人。

不要企图把责任推给他人，或者一个劲地寻找替罪羊。相反，要承认自己的不足，快速从自己的错误中学习，然后继续往前走。走错一步也就那样，并没有让你跌下悬崖。下一步走对，就可以再次继续前行。

事实上，我们走得越远，失败看上去就越没有想象的那般可怕。到了某个时候，那些曾经看来可怕的失败只会让你一笑置之。

第八章　情商：时刻充满激情和自信

我们都希望自己能够时时刻刻保持着良好的状态：自信满满、积极向上、充满激情，然而事实上，我们经常被一些无关紧要的小事扰动情绪，在意别人的指指点点，畏首畏尾，莫名其妙地“丧”，把自己生活的主导权都弄丢了。

◑ 为什么同一件事，不同人的反应差异那么大

一天，我开车外出时前方的路段发生了事故，那段路已经陷入了交通瘫痪。我被困在中间进退两难。百无聊赖的时候，我开始观察周围的人。

在我左边的巷子里，一位中年男子一脸怨气，偶尔会按喇叭来发泄愤怒，希望按喇叭能让交通堵塞消失，当然这只是徒劳。

在我右手边，一位职场人在一辆出租车的后座上打造了他的临时办公室：他的周围都是文件，他腿上放着一台笔记本电脑，耳朵与肩膀之间夹着一部电话，他在一边打电话一边打字。此时，他对周围的一切漠不关心。

斜前方，一位年轻的妈妈抱着怀中的婴儿，满脸幸福地对着婴儿说话，孩子挥着小手咯咯地笑着；其他司机大多是四处张望、听收音机或坐立不安。

交通瘫痪是一件恼人之事，它对待每个人都一样，不管你是谁。但每个人对它的反应却不一样。在那一刻，我意识到自己可以选择如何应对困境。

交通瘫痪很让人恼火，特别是当你需要参加重要会议或赶航班的时候。但是并没有哪一条规则规定你一定要生气，生气只是你个人的选择。你可以选择自己的反应，你可以按喇叭，你可以和孩子嬉戏，你可以放松下来听音乐，你可以将车变成临时办公室或者观察别人。

在那一刻我意识到：我可以选择自己的感受，而不需要让某件事影响我，或者让他人把感受强加给我，我可以为自己做出选择。

同一个事件并不会让每个人的反应都相同，而是会千差万别。

- 为什么面临同样的状况，有些人会生气，而有些人却能保持冷静呢？
- 你如何确保自己在关键时刻做出正确的选择？
- 你的选择将如何影响你的生活？

对于同一件事情，每个人的解读和回应都可能是截然不同的。当你觉察到了自己的情绪，要能跳出情绪看自己，就像是一个旁观者一样，意识到自己的情绪状态。在自我情绪管理上，美国心理学家阿尔伯特·艾利斯创建的“情绪ABC理论”颇有洞见——该理论强调情绪产生是基于如何对自己或他人的行为进行解读的，也就是归因。[①]

“情绪ABC理论”认为，激发事件只是引发情绪和行为后果的间接原因，引起情绪的直接原因是个体基于对激发事件的认知和评价而产生的信念。

正如艾利斯所说：“人不是被事情困扰着，而是被对事情的看法困扰着。”信念发挥着不同的中介作用，它决定了我们的反应。由此可见，决定我们感受和行为的不只是事件。

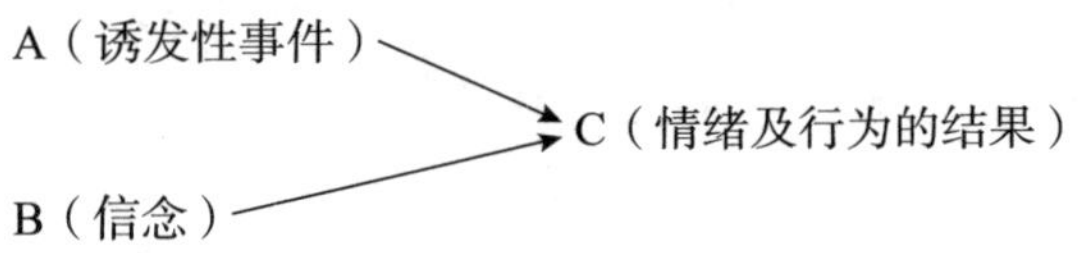

图8-1 “情绪ABC理论”

我们面临的挑战是，我们的许多信念隐藏得如此深，以至于连我们自己都没有意识到。信念就像计算机的后台操作系统，很少有人愿意深入了解并改变这种系统。我们也很少去审视那些决

① 该理论认为诱发性事件A只是引发情绪和行为结果C的间接原因，而引起C的直接原因则是个体基于对诱发性事件A的认知和评价而产生的信念B。

定我们感受和行为的核心信念。

如果说探索我们的信念是困难的，那么改变它就更难了。信念造就了今天的我们。这意味着，我们的信念至少在某些条件和情况下是奏效的。

然而，即使是最成功的人也会发现，他们的信念会在错误的时刻把他们绊倒。这意味着你不需要改变自己的信念，而是需要理解它们，并认识到它们什么时候会帮助你，什么时候会阻碍你。

大多数时候，你会凭直觉去思考和行动，因为这是最实用的导航方式。这就是2002年诺贝尔经济奖得主丹尼尔·卡尼曼在《思考，快与慢》[①]一书中所说的“快速思考法”。但他也表明，你也需要能够慢下来思考，在重要的时候挑战自己，减少信念系统的“自动驾驶”。

管理学大师史蒂芬·柯维也说：“如果想得到一个小改变，你只需从行为入手；如果希望看到真正的质的变化，请从思维入手。”通过控制内心活动，你可以学会善待自己，帮助自己做出更好的反应。

◑ 自信不是天生的，而是一种技能

所有取得成就的过来人都会告诉你：自信心是个好东西。

① ［美］丹尼尔·卡尼曼：《思考，快与慢》，胡晓姣等译，中信出版社2012年版。

当你一路攻坚克难站在职场的顶端时，回顾自己曾经走过的路，你就会发现，在很多时候，正是当时的那股自信，鼓励着自己勇敢地迈出第一步，并且坚持下来，才有了今天的良好局面。

可是，对于职场新人来说，在技能、人脉和心态都没有那么强大的时候，自信心就是一个“稀缺元素”，我们的自信心从何而来呢？

这就要先搞清楚“自信是什么”。简单来说：自信就是你觉得——接下来的事情，我不会弄错。

从心理学的角度来看，自信心其实是一种“自我评估良好”的心理状态，说得学术一点，就是一种自我效能认可，是一个人对自身成功处理特定情境的能力的评估。只要你在某件事情上认为自己是对的，或者认为自己能做某件事，即可说拥有自信。

所以自信首先是个人内心的一种判断（不论这个判断正确与否）。面对未来可能发生的未知结果，我们的潜意识和本能会不由自主地做出一个判断，如果你的判断是好的，那么这就是自信，反之就是不自信。

充足的准备

通过大量准备提升自信，这是一个不断克服恐惧的过程，准备越多，我们对自己能力的评估就会越正面，当你认为自己的能力值已经高于眼前的任务难度时，怎么可能会不自信呢！

在这里我非常想强调四个字——训练有素。长期的、有目的的系统化训练，一方面可以提升你的技能水平和熟练度，另一方面也在不断地增强你的自信心。因为人的行为和心理是相互影响的。有时候，明明你具备了这种能力，但由于心理上的问题，比如说自己自信心不足，反而会导致原有的水平发挥不出来。所以，训练有素，可以让信心达到一个比较理想的状态。

比如很多人说，我明明能力很强，但是一到公开发言的时候就很慌乱、很紧张，讲出来的东西和自己的实际能力相去甚远。几次下来，就越来越不自信，越来越害怕公开表达。

我想说，还是训练得太少！

最好的办法，就是抓住一切机会锻炼自己，包括每次发言之前充分的演练，熟练背诵你的发言稿，让一切变成肌肉记忆。等你再上台发言的时候就不会那么紧张了，一次次的成功，就能让你克服恐惧感，慢慢地，自信就建立起来了。

自信是一种技能，可以通过练习来提升。反复训练，并养成某些习惯，进而让那些困难和危险的任务看起来容易且可控。

肢体训练法

社会心理学家艾米·卡迪做过一个实验。她让一组被试者摆出八面威风的姿势，另一组做出无精打采的样子，两组人保持各自的姿势两分钟。第一组人身姿挺拔，他们或两手叉腰，或手臂张开（姿态开放、宽阔，占据很多空间）；第二组人则抱着肩膀，缩起身体（一副谨小慎微、局促不安的模样，占据很少空间）。

两分钟过后，第一组人的睾酮指标上升了20%，皮质醇指标下降了25%。接下来的实验也显示出第一组人比第二组人更愿意承担风险。睾酮上升会令我们更坚定、更愿意承担风险，而皮质醇下降则会帮我们减少焦虑和压力。再来看看第二组人，他们的姿势产生了相反的效果，睾酮指标下降了10%，而皮质醇指标增加了15%。

两分钟就会让激素水平发生改变，从而改变你大脑的配置，令你或变得坚定、自信、从容，或变得焦虑、被动、自我封闭。

在任何场合，我们都可以通过这种方法增强自信。要知道，自信是你在人生中任何领域都需要具备的一种内在品质。

卡迪的研究表明，对那些缺乏自信的人进行自信身姿训练是很有必要的。虽然这只是个临时的小窍门，但如果坚持每天练习，它就会成为更持久、有效的策略。更重要的是，这个办法很好操作——你只需要展开双臂或挺起胸膛。

在公共场合像飞翔的小鸟般展开双臂走来走去，可能不太合适。但你的自信身姿训练可以低调进行，去一些特定地点进行这些练习，如参加面试前在洗手间里摆这个姿势，保持一小段时间（有人针对面试者做过这个实验，非常有效）。你也可以在约会、做报告或开会之前这样做。不论摆什么姿势，只要你做到身姿挺拔，你就会看到效果。

调整参照标准

你会丧失信心，是因为你突然发现自己没达到心目中的标准。你可以调整参照标准，以更好地反映自身的能力，先建立起相对自信。下面我们就来举例说明什么是相对自信。首先，请想象以下5种情境以及你在各种情境下有多大的自信能够取胜。

- 与一只蜗牛赛跑
- 与一只鸡赛跑
- 与朋友西西赛跑
- 与世界短跑冠军赛跑
- 与一头猎豹赛跑

所有这些情境中，你能否取胜都与一件事情有关——你跑步速度的快慢。你是否发现，在以上5个情境中，你的自信会顺次降低？这就是相对自信的运作方式。与一只蜗牛相比，我们都是速度之神。而跟猎豹相比，就连短跑冠军也要甘拜下风。你对自己速度的自信完全取决于你内心为不合格、合格、优秀等级别设定的相对标准。

如果你在某个领域或对自己整体都不那么自信，那么请你回答这个问题："我的参照标准是什么？"

类似这样的标准存在于各个领域：魅力、智慧、社交技巧、力量、幽默感。我们根据不断变化的参照标准，不断衡量自己在各个领域的能力。

我觉得，大部分人都是通过与另一个人相对比来确定自己的自信水平的。我们大概知道某个领域内普通人的表现是怎样的，然后就会把它当作标准，评价自己的水平。但是要知道，这种衡量自信的方式是有缺陷的，就像买衬衫的时候买“均码”而不是真正适合自己的码一样。这种办法或许对一些人来说可以接受，但对大多数人都存在一定问题。

真正稳定的自信来源于你对自己的认同，你可以为自己量身定做标准和要求，否则，基于他人标准得来的自信都会经历巨大的波动和变化。今天遇到一个比你弱的对手，你信心爆棚，明天遇到比你强的人，你就垂头丧气。把自信建立在和别人的对比上，会让我们患得患失，永远不能获得真正的自信。

◑ 让你变好的事，没有一件是容易的

人的一生始终都在追求两样东西——舒适度和成长度。若想不断地成长，就要适应成长过程中的各种不适感，除此之外别无他法。

我一直希望身材变得健美、有力量，为了实现这一目标，就必须面对一系列的不适，我得去健身房“撸铁”，进行各种抗阻训练，这对身心都是一种巨大的考验。

每次推举或拉伸，我都会感觉到自己身体的疲惫和抗议；而心理上，我也感到无比烦躁，大脑一直在骚扰我，说："这太累了，快放下杠铃，去看电影吧！"

抗阻训练会造成肌肉纤维的酸痛、撕裂，这就如同我们在经历失败或不安后内心会感到痛苦一样。但接下来，肌肉会得到重塑，变得更加强壮，这也如同失败后总结了教训的我们会变得更强大一样。

从神经学角度讲，在经历失败或痛苦后，我们的大脑在面对这些失败和痛苦时便会具备更强的抗压力。想想各行各业最娴熟的专业人士吧，他们也曾经笨手笨脚或表现糟糕。通往卓越的路一开始都崎岖不平，我想这一点大家都清楚，但我们似乎并没有意识到我们在潜意识中经常通过自我设限来绕开颠簸的道路，从而假装存在一条平坦的直线上升通道。事实上，这样的通道并不存在。

我们应该知道，凡是让我们变得更好的事情，过程都不会太舒服。人生的路都需要我们自己一步一步、脚踏实地走过来。人生需要走的弯路，一米也少不了。

每次遇到失败，我们都试图找出一个借口，却不愿相信我们虽然有时会失败，但也会重整旗鼓的事实。每个人都有强大的修复能力，身体上的，情绪上的，没有经历过，你就永远不知道原来自己真的可以这么强大。

就如每日坚持读书的背后，意味着你要牺牲掉社交和玩手机的时间；就如每天坚持去运动的背后，意味着你既要克服自己身体上的不适感，也要克服心理上的懒惰和退缩。

有些人熬不过，就轻易放弃了。但有的人，一直想着最终变好的目标，有了动力和毅力，真正坚持下来。一个简单的坚持，只有你去做了才知道，其中要面对和克服无数的困难。

坚持，真正考验的，不仅是一个人身体的斗志，还有心理的强大程度。挑战自己、雕刻自己，是一件比战胜他人更难，也更痛苦的事。

◑ 恐惧，但勇往直前

在生命的旅程中，我们总会遇到各种不确定性，对不确定的恐惧是每个人都会有的。恐惧也是至关重要的，它让我们的祖先在过去存活下来。如果我们的祖先不害怕灌木丛后面的东西，他们可能就会被狮子吃掉。恐惧保存了生命的火种，但它也阻止了我们充分发挥潜力。

如果想成功，你就需要为以下这些事去冒险。

- 学习新技能
- 承担起新任务
- 当他人退缩时，你挺身而出
- 解决困难

● 管理冲突

……

每一个蹒跚学步的孩子都非常渴望可以奔跑追逐，即使他们一直摔倒，也会振作起来，再试一次。这就是小孩子的学习方式：经历无休止的尝试和犯错的过程。成功是无数次失败后的产物。

但后来，在某个时候，我们知道自己不应该失败。我们学会了恐惧，却失去了尝试的勇气。对失败的恐惧贯穿了我们的生活，在学生时代，我们认为小测验和考试不及格就是失败；当我们进入职场后，我们知道失败对事业有害，我们还有可能因为错误的结果而受到指责，却很少因为努力、尝试新事物而受到赞扬。

但如果我们总是害怕犯错，我们甚至无法在小时候学会走路。我们必须找到克服恐惧的方法，因为恐惧阻止我们冒险、学习新事物和追求成功。

在生活中，这意味着你必须学会控制自己内心喋喋不休的“劝告”。在关键时刻，当希望的“天使”与恐惧的“恶魔”争夺你的注意力时，内心那些喋喋不休的“劝告”会变得震耳欲聋。希望的“天使”会向你保证，你能成功，冒险是值得的；恐惧的“恶魔”则会向你描绘一幅失败后职业生涯和个人生活可能会面临的灾难性画面。在这场辩论中，恐惧的“恶魔”可以轻易取胜，因为我们都习惯于规避损失。

你所面临的挑战是管理内心的恐惧"恶魔"。最好的解决方法就是倾听内心"恶魔"发出的声音，然后挑战它们。如果你选择视而不见，那它们只会越发努力地吸引你的注意力，甚至会变成你内心深处挥之不去的焦虑。

◑ 为什么你总想取悦别人

当我们还是孩子的时候，我们总是在大人的直接权威下生活，从父母到老师，从老师到教练。我们已经习惯了认同权威，取悦权威。

要想克服认同需求，你可以试着叛逆一些。

- 你可以对你过去的生活方式说不
- 你可以对社会期待说不
- 你可以对同辈压力说不
- 你可以对一些标准和期待说不

那些对认同有强烈渴求的人很难按自己的方式生活，因为无论做什么事，他们都要遵循某些标准，即便没有标准，他们至少也要以最不容易受到批评的方式生活。

你要做的就是学会对自己的认同需求说不，只有不再关心他人的认同，才能获得做自己的自由，大胆尝试以前想都不敢想的事。你不可能取悦所有人，因为只要你做自己，就一定已经取悦了一部分人而疏远了另一部分。

认同需求会伤害你的身份认同。那些需要他人认同的人往往无法正确认识自己。你了解自己，才更容易活出自我；如果你不够了解自己——或许是因为阅历太少，或许是因为长久以来你一直在模仿他人——那你就难免要从外界寻找身份认同。

不要试图在他人那里寻求认同，否则你将永远不可能获得来自自己的认同。

这件事说起来容易，做起来难。多年以来一直没能找到自我的人，不可能一夜之间改变。不过，你可以尝试着迈出一步，又一步，对那些束缚你天性的东西说不。你只有在能够自由选择时，才可能真正找到自我。

回想你曾经做过的选择，你的认同需求来自谁。如果你的认同需求来自特定的个人或群体，那就明确他/她/他们如何对你的行为造成了影响。比如，你担心自己真正热爱的职业会遭到朋友的质疑吗？你真正想走的路与你父母的期许背道而驰吗？

改变自己的生活方式，不再顾虑你的改变是否会令他人失望，会令他人失望的不一定都是“坏事”。让他人失望总好过让自己失望吧。

我并不是说你在生活中的任何时候都不需要获得他人的认同，但如果你的认同需求已经扩散到你接触到的每一个人，那它就成了需要解决的问题，因为你的真实性格和喜好已经被那源源不断的老生常谈、社会期待彻底扼杀了。

人们总是告诉彼此要“活出自我”。但其实他们更应该说：不要那么在意别人的评价，不管是赞美还是批评。你只有做到这一点，才能真的活出自我。

◑ 不要让别人决定我们的心情

现代人际关系学者戴尔·卡耐基曾说过：“憎恨我们的敌人，就是在给予他们伤害我们的权利——把我们的睡眠、食欲、血压，和对我们健康、幸福的影响力，一并赠送给了敌人。”

当把自我价值的决定权交给他人时，你永远都不会感受到自己是有价值的。别人对你的评价有多好，你就只能做到多好，而你也没办法获取更多的满足感。

丢失了自我，你对自我价值的判断将趋向于他人对你的看法。如果你冒犯了别人怎么办，如果他们不再喜欢你了怎么办？当你能够肯定自己，内心变得强大起来时，你就会知道你拥有承担后果的能力。

仔细想想那些消耗了你很多时间和精力的人，他们是你真正想接纳的人吗？如果不是，那你可能给了他们过多的权利。

如果有人说了你不喜欢的话，而你大吼大叫与他争论不休，那么你就赋予了这些恶言恶语控制你的权利。在做出回应之前，你应该保持清醒，好好想一想你应该怎么做。

下面是一些当你想要做出冲动的行为时，能够帮助你保持冷静的方法。

- 深呼吸。沮丧和愤怒会产生消极的生理反应——呼吸急促、心率提高、大量出汗等。深呼吸能放松紧张的肌肉，减弱人们生理上的反应，从而减弱情绪上的波动。
- 不要去想目前的处境。你越是情绪化，就越是会丧失理智。你要学会辨认出那些你在极度愤怒时的信号，如身体颤抖或脸部发烫。你在失去风度前，试着把自己从当时的处境中剥离出来。可能你需要说“我现在并不想谈论这件事”，或者仅仅转身离开。
- 分散注意力。当你觉得自己过度情绪化的时候，不要设法解决或澄清问题。找一项活动来分散自己的注意力，散步或阅读都能帮你冷静下来。停止思考那些让你心烦意乱的事情，也许只需几分钟，你就能够冷静下来，并更加理性地思考。

当不再有人具有足够的能量去控制你的感受时，你会体会到自身力量的爆发。这里还有一些紧握个人权利的方法，它们能够帮助你在心理上成为强者。

- 考虑做什么对自己是最好的，而不是做什么能让你避免受到指责。做到这一点，你会更好地决策，从而增强自我认同感。
- 当你为自己的行为负责时，你会对朝着目标前行的每一步都充满责任感。

● 不再因为内疚或为满足他人而被迫去做你不情愿做的事。

● 把时间和精力花在你选择去做的事上面。你不会再去责怪别人浪费了你的时间或毁了你一整天的心情。

维护个人权利可以减少抑郁、焦虑和其他负面情绪出现的概率。人们的许多心理问题都和感受不到希望或得不到帮助有关。当决定不再给他人或外部环境控制你想法、情绪和行为的权利时，你就会得到更多的力量以维护心理的健康。

◑ 别人怎么看不重要，关键是你怎么看自己

几乎每一位成功人士都有过被拒绝的故事。

1956年，安迪·沃霍尔试着把自己的一幅画作赠送给纽约现代艺术博物馆，但即使是赠送，博物馆也拒绝了他。时光飞逝，1989年，他的画作取得了巨大的成功，以至于他建立了属于自己的博物馆——安迪·沃霍尔博物馆——美国最大的个人艺术家开办的博物馆。

很显然，每个人都有自己的想法，但内心强大的人并不会让他人的观点决定自己的路。认真评估别人的反馈，判断它是否符

合逻辑。有时候批评能够使我们打开双眸，理解别人是如何看待我们的，进而做出积极的改变。朋友指出你的坏习惯，或者你的配偶帮助你意识到自己的自私行为，都对你有好处。

但在其他的时候，批评只是批评而已。容易恼怒的人可能会经常对他人做出严苛的评论，仅仅因为这样做能释放他们的精神压力。

因此，在决定怎么做之前，仔细思考批评的原因是极其重要的。

当你收到他人的批评或反馈时，停顿一下再去做出回应。如果你对此非常愤怒，先冷静下来，然后问自己如下几个问题。

有什么证据表明这是真的？举例说明，如果你的上司说你很懒惰，那么找到那些自己没有努力工作的证据。

有什么证据表明这是错的？证明自己非常努力工作。

他为什么会给我这个反馈？退一步想想，看看你能不能找到原因。是不是你偶尔的懈怠恰巧让他看见了？比如，你的上司仅在你生病的时候看到你的工作状态，可能他就会觉得你的工作效率很低。他的结论或许是不准确的。

我究竟想不想改变我的行为？可能有的时候，你会因为认同别人的批评而决定改变自己的行为。比如，如果上司说你很懒惰，你觉得自己确实没有在办公室全力以赴地工作。因此，你决定早上提前打卡，晚上加班，因为你认为这样做对成为一个好员工非常重要。

当然，你的上司并没有强迫你做出任何改变，是你自己选择了改变，因为你想要这么做，而不是你不得不去做。

你要牢记，别人对你的看法并不一定是正确的。你可以客气地选择不采纳他的意见，但不要把时间和精力浪费在改变别人的想法上。

◑ 做一个敢于尝试的“傻瓜”

在众多处世的态度中，我认为“完美主义”是最骗人的。当你进入职场，大概都不用超过24个小时，聪明的人就会发现“完美”是无法实现的一个美好愿望。最起码，“完美”二字是不存在于技术性工作中的，是仪器就会有误差，绝大多数结果会和预想的“剧本”有所出入。如果这时候你还抱定“不达完美不罢休”的执念，那么对不起，等待你的将是一盆冷水。

那些所谓的完美，很多时候只是一种自我鼓励，在客观评价上并不能站得住脚。不要说达到这种完美，哪怕想要去接近它，你都得为之付出相当多的工作时间和精力，而这些工作时间和精力，原本可以用来做其他事情。

你可以在艺术创作里精雕细琢的个性，也可以在个人生活中有着独特的坚持，但工作是一件对外的、集体化的事情。我们拥有的时间、资源并不是不计成本的。

理性的人，不会盲目地追求“完美主义”，对于这些高度依赖于理性的行业而言，如果非要等到绝对完美的结果，结果极有可能是令人失望的，并且其间所涉及的巨大经济代价、时间代价，显然是承受不起的，这时候所谓的“完美主义”，只能是一种灾难。

当我们工作的成果或质量足以达到一定的标准时，你就要学会放手，而非没完没了地在一件事上纠缠。

伏尔泰曾说：“完美是优秀的敌人。”为了让自己安心，完美主义者会不停地收集数据、进行测试，确保最终的决策零风险。但是，在现实生活中，零风险等于零决策。他们想要绝对确定的事情，这种观念往往会阻碍决策和行动，尤其是在情况不甚清晰时。

为了避免完美主义倾向，我会思考以下问题。

1.如果我这样做，最糟的情况是什么？我能够承受这一风险吗？我会将做这件事情和不做这件事情的风险进行比较。通常情况下，后者风险更大。

2.分析风险，区分可逆和不可逆决策。如果决策可逆，那么，就放手去做！如果决策不可逆，就要更加谨慎，确保自己知道重要问题的答案。

做一个勇于尝试的“傻瓜”。

◑ 敢于向你的管理者提要求

有些员工，只会等着老板来分配资源，认为“我不说，别人也应该知道”。结果他并没有得到自己想要的东西。他觉得委屈，不被看重，没有人慧眼识珠。

对你来讲重要的事情，可能对别人来说没那么重要。在一个忙碌的集体中，它只是“你”的需求，别人哪能看得到？

领导大专家约翰·科特表示：这世上没有完美的上司，他们没有用不完的时间来思考每一个下属的需求，也没有用不尽的知识来解决每个下属的问题。

在多数人的认知中，很难直接开口说“我想要……”，这跟我们的文化也有关系。可是，在成熟的关系中，说出“我需要”“我想要”并不意味着自私，认为“你应该”“你必须”才是以自我为中心的自恋的想法。

我们经常听到很多人抱怨上司：“他整天用各种办法为难我。”

每次听到这种话，我脑袋里都忍不住会有一个画面：如果上司真的处处针对你，那他会是什么样的上司啊？用几百万元注册一家公司，每天去公司的目的只有一个，跷着二郎腿，各种挑剔、贬低自己的员工。

怎么可能有这样的上司？那是什么让“我”觉得上司总是针

对“我”？

有一种原因是，人都是善于为自己开解的，如果被别人拒绝，我们就会下意识地把问题锁定在别人的身上：一定是他有什么问题，他应该去改变。因为潜意识里，每个人都不觉得自己有问题。

一旦自己不被满足，就觉得“对方拒绝我、反驳我、压制我，他就是和我针锋相对”。带着这样的心态，自然也就阻断了自己和上司的沟通道路，对解决事情本身也并没有帮助。

如果我们想在这方面有所提升，就先要“准确”地说出“我”的需求。之所以想要强调“准确”，是因为很多人以为自己说了，但其实并没有说。

很多人反反复复喊着“老板把指标定得太高了，好难完成”“老板，人手不够，没法开展工作”。他们以为这就是“提需求”，但并不是；以为自己说了这么多就够了，老板肯定应该懂，但其实，这样喊无数次都不能解决问题，因为在老板看来，这只是在发泄情绪，不是真正的“有效需求”。遇到困难不要紧，但是提出方案，或者准确提出“我要什么样的支持，才能达成目标”，这才是最重要的。

那该怎么正确地说出“我”的需求呢？

第一步，大胆地说出“我需要”。

我们先来做一个练习，把我们经常和上司说的几句话转化成

“我需要……”的格式。

- 这太难了，我做不到。→我需要一些指导，我需要多一个人手。
- 这个项目没有资金，怎么干。→我需要更多的预算。
- 我这也是为了公司的利益。→我需要你更多的支持和理解。
- 你为什么老是指责我啊。→我需要你更多的正面反馈，这样会提升我的动力。

只要做到这个简单的转化，我们跟对方的沟通才能在同一个频道上。

第二步，准确描述信息和影响。

具体来说，就是说出“我需要”，然后描述现状。注意，这里的“现状”是只描述客观事实，不要加入太多主观评价。

另外，明确指出做了这件事情，最后能达成什么目标，不做这件事情，会有什么影响。

如果可以，跟上司说：“之前跟合作方谈好的推广，被临时取消了。我们这个月缺少了一次宣传推广的机会，我需要您的帮助。”

上司一般都会先问需要帮他做什么，这时就可以把具体的需求和结果影响说明一下：“如果做两场线上直播，增加一下这个月的曝光量，我们还有可能完成既定目标，如果不这么做，我们这个月最多只能完成目标的70%。”

这时上司会怎么说？很有可能是：“既然你这么有把握，我可以配合你。”

这样的沟通才能真正达到向上管理的目的。

◑ 像对待“头号客户”一样，对待管理者

知名管理顾问马歇尔·戈德史密斯指出，对待管理者只需把握一个原则：“你怎么服务你的头号客户，就怎么对管理者！”

服务客户，是为了能达成自己的业绩，那么对待管理者，是为了能让管理者为我们提供协助，达成我们自己的目标。想想看，如果你的“头号客户”拒绝了你，作为一个优秀的销售人员，你是不会就此放弃的。面对管理者的拒绝，你也应该保持这种态度，不仅不气馁，还要更努力地找出他的需求是什么，创造“双赢”的结果。

这不是一件简单的事。甚至很多人觉得，这么复杂，实在太麻烦了，要不要直接换一份工作，找一个更好的管理者，让他来帮我安排好一切？

我遇到过很多年轻人带着这种心态，屡次换工作，期待找到那个理想中的“管理者”。但现实是，这几乎不可能。因为，我们给这种理想中的管理者寄予的期望太高了。

高到什么程度呢？我们不愿意付出任何沟通的努力，不愿意表达，不愿意谈判，不愿意妥协，只是幻想着他可以自觉地发现“我”，主动地配合“我”，和“我”的需求保持一致。

这样的管理者，在现实中基本不存在。

那些在职场中不断突破的人，往往都早已认清现实，不再心存幻想，他们愿意承认自己的局限性，愿意接受任何人都有局限性，他们善于向上管理，能从工作中获得支持和资源。

记住一句话，“团队不过是一群各有缺点的人互相支持，合伙做事”，无论你能力超群还是初入职场，你和管理者的关系永远是“合作”关系，要把老板当成你的“合伙人”，敢于表达自己的需求，更愿意倾听他的需求，更主动地去寻找合作的方法，直到结果让双方都满意。

这样，才能让管理者成为你工作上的助力，真正体现“向上管理”的价值。

第九章　梦想：在工作中找到意义和成就感

很多人对自己的工作不满意，但又没有勇气去改变现状，只能每天在无奈和抱怨中度过：为什么我的工作这么无聊呢？为什么我找不到理想的工作呢？什么时候才能实现我宏大的人生梦想呢？

◑ 带着使命感工作

即使你的工作看起来毫无意义，但是你在其间逐步形成的人脉网、建立的人际关系，将成为你终生职业生涯的基石。即便你只是一个实习生，但是你能进入那栋大楼工作就意味着你有机会见到该公司的任何人。真正强大的人，从实习的第一天开始，就在规划自己的职业道路，直到最终得到自己想要的东西。

3个石匠的故事或许能给你一些启示。当被问及在做什么时，3个石匠给出了不同的回答。

“我整天都在凿石头。”

“我正在用手艺建造一座建筑。”

“我在为荣耀而工作，正在建造一座大教堂，我的工艺和技艺将在我去世后长久地受到人们的敬仰。”

不需要心理学家评估这3个石匠的思维韧性和动机，你可以自己判断谁是最投入的。他们都做着同样的工作，但他们看待工作的角度却完全不同。第一个人把它视为工作，第二个人把它视为事业，第三个人则将其当成使命。你是整天都在凿石头，还是在建造令人敬仰的伟大建筑？你能把工作或事业转换成一种使命吗？

事实上，即使是最光鲜亮丽的工作，也包含相当一部分枯燥乏味的日常工作。

即便在高层管理者中，也会有很多厌倦了例行公事的人。有一位知名律师，他非常成功且富有。多年来，专注和专业为他带来了成功，也带来了厌倦：“每个案例基本上都是一样的，我希望自己能做一些不同的事情，而不是每天都要应付这些。”在外人看来，这个律师似乎象征着成功和魅力，但从他的内心看，他认为自己的工作枯燥乏味。

心理学有一项令人叹服的研究，分析了成功背后的一些因素，它的结论可以通过一个非常直接的公式来加以解释：

能力 × 毅力 = 绩效。

要有一如既往的毅力，其中最重要的是找到驱动力。驱动力又分为内在驱动力和外在驱动力两种。内在驱动力和外在驱动力背后的影响因素有所区别。一方面，外在驱动力可能会让你快速着手去做某件事情，但其时效很短。原因在于外在驱动力是促使你做某件事情的外部因素，但如果没有获得物质奖励，你可能就会对自己所做的事情缺少热情。

例如，有人给你钱，让你开一家面包店。但如果你不喜欢面包，更不喜欢开面包店，那么不久后就会失去激情。由此可见，外在奖励可能成为绩效的破坏因素。更具体一点来说，当激励你做事的唯一因素是有形的奖励时，很可能难以实现目标。

另一方面，内在驱动力就是那些让你为之兴奋的东西。它们让你浑身充满活力，促使你为之付出更多的努力。它们不是工资或奖金这类外在驱动力因素。外在驱动力非常重要（通常也是必不可少的），但单靠外在驱动力并不能创造较高或持久的毅力水平，只有内在驱动力才能做到这点。

人们常常说就算没有奖励，他们也会继续做某些事情。之所以这么说，是因为他们的确喜欢那些事情，有着相应的动力。这就是内在驱动力，是你要创造令自己满意的职场生活所必须寻找的东西。

◑ 停止抱怨，着手解决问题

在日常工作中，最让人尊重的一类同事是有端正态度的人，他们会尽其所能做好自己的本职工作，更重要的是，遇到困难时他们会寻求解决方案，而不是纠结于问题本身。

在我刚入职场的时候，对于办公室的八卦，我也做不到“独善其身”。经过特别漫长的一天后，在特别烦躁不安的情绪下，我也会向我的管理者——当时项目部的负责人提起，我和A有了矛盾；和B吵了一架；听说C做了某事，难道他不是最差劲的人吗？我的管理者停顿了一下，看着我，然后和蔼地对我说：“我想，如果你在一天中和别人出现了一次纠纷，责任可能在任何一方，但如果你和他人出现了不止一次纠纷，那你可能应该反省反省自己。”

我一下子哽住了。我按照管理者给的建议进行了彻底的自我检讨。事实上，很多纷争的产生都是我的原因。我听到了一些流言蜚语，有时候会无意识地把它传出去。这当然会让工作时间过得更快，而且第一个知道别人不知道的事情总是很有趣的。但是你知道这还有什么影响吗？这让我的内心感觉很糟糕。因为做一个伤人的人或刻薄的人从来都不会让人感觉好受。想想一天中有多少次你认为自己是“对”的那个人，而其他人是多么“不对”。你的态度和方法可能是很大一部分原因。

10年后，我自己做了管理者，发现犯这种低级错误的人一点都不少。

晴川是高级理财顾问，专门负责大客户的营销和维系，在财富管理方面非常专业，资产配置能力很强，客户服务这方面也很细心，深得客户认同，是团队的最佳顾问。

然而，晴川的性格有一个明显的短板：内心缺乏安全感，太过于强调自我，团队协同性不足。与团队主管小敏之间总是矛盾不断，三天两头找我哭诉，说对方是如何排挤她、如何对她“羡慕嫉妒恨”。

我专门找了小敏沟通，找了团队的其他同事了解情况，发现晴川所说的问题大多是空穴来风或者是她添油加醋的自我想象，小敏的一些正常行为或言语，经常被她过度解读，说是针对她，属于典型的“受害者”心态。

搞清了情况之后，我多次找晴川聊天，不断开导她，希望她能够把专注点放在自我提升上，对人对事要有大格局。

然而，并不管用。晴川还是三番两次地找我哭诉，让人烦不胜烦。

有一次，我实在忍无可忍，很直白地告诉她：如果你还是不能很好地处理与小敏的关系，那我只能在你们两个人中间做出取舍了。小敏是团队领导，她的管理能力很强，价值更高，虽然你也很专业，但为了团队大局着想，只能放弃你了，你看着办吧。

当然，正如你所料，从此之后晴川就安静了许多，再也没听到她的哭诉了。

下次，当你发现自己站在上司办公室的门外，准备滔滔不绝地对同事发表批评，或者抱怨你与客户之间遇到的某个问题时，请尝试一种不同的策略：转过身，走回你的办公桌，找出一个解决问题的方法，然后解决它。职场中，没有人喜欢控诉者或者经常发牢骚的人，但是每个人都喜欢能积极解决问题的人。

自己的事情需要自己搞定，别人不会给你帮忙，上司也没这个义务。你担任某个职位，就要处理好与这个职位有关的所有工作。在职场，每个人提供自己的价值，从而获得相应的回报。当你不能提供价值，或者你制造的问题远远大于你所提供的价值的时候，你就会被人当成问题解决掉。

◑ 相对工资，你更该关注的是经历

对于职场新人来说，如果你想获得经验，你常常需要付出代价：时间、精力、专注。不用过于看重你第一份工作挣多少钱，而要关注你从这份工作中能够学到什么。

回顾以前刚开始工作的时候，我挣得其实并不多，但我学到了很多东西，对于我以后的职业发展来说非常重要，因此是非常值得的。

正如你所看到的，如果你从“学到的”（Learned）中去掉“L”，你就会发现“挣得的”（Earned）这个词就是你应该看待经历的方式。你从那些经历中带走了什么是可以永远保留以便日后能用到的，甚至是可以送给别人作为礼物的？当你自己做完这项工作后，你的可信度就会随之显著增加。

你应该每天都尝试学习新的东西，无论你处在什么样的岗位，这无疑是一种既不会感到厌倦，又能为下一次机会做准备的可靠方法。

我经常听到很多实习生说，无法从我们分配的工作中学到任何知识。我知道这不是真的。在每一份工作中，如果你能做到足够专注，勇于提出问题并保持学习的欲望，你就能学到很多东西。你没有理由不学习，因为你可以随时请教身边的人。

暑假，部门来了两位实习生，有一次两名实习生分别在同一天来找我。

第一个人告诉我，这是她感觉很糟糕的经历，完全是浪费时间。她说自己是名牌大学的学生，本来是想大展拳脚的，没想到让她做的工作很无聊——装订会议资料、安排会议等，自己一天下来一无所获。

实际上，她在安排会议的时候也错漏百出，没搞清楚会议室需要提前预订，导致到了开会的时候，大家才发现没有空闲会议室。

那天下午稍晚些，第二个实习生来找我，告诉我这是她非常好的经历，她很喜欢公司的工作氛围，喜欢和不同的人交流，她希望毕业后能有机会再回来继续工作。

实际上，第一个人告诉我的是，她看不上这份工作。我估计她的职业生涯会令人失望。她认为自己是名校大学生，因此她应该得到不同的待遇，可她真正需要的是经验，而她却看不到这一点，自我认知的重点放错了。

坦白说，没人在乎你上哪所学校，人们关心的是你能做什么，你又能做得有多好。每种生活体验都可以被视为一次好的体验，这取决于你选择以怎样的方式看待它。正如我的一位老领导很久以前对我说的："你要考虑的是你现在的工作，而不是你想要的工作。只有把现在的工作做好，才有机会做你想要的工作。"

只要拥有一些自我意识和主观能动性，能够坚持不懈地学习，想要脱颖而出并不难。

在你的每一次经历中，你都可能学到将来能用到的知识。从现在开始，把每一次经历都看作学习的机会吧。

◑ 我们亲手贴上"标签"，把自己封印了

贴标签是人类的惯性。我曾跟一位主管有过这样的一番对话。

主管：刚刚调到我们部门来的这几个新员工，实在是太没上进心啦，我都不知道该怎么管理他们。

我：那他们为什么没有上进心啊？

主管：做每件事情都得让我推着才肯做，平时也根本不学习，不会给自己充电，做事一点都不主动！

我：那你有没有想过他们为什么会这样呢？

主管：我不是说了吗，就是因为他们没有上进心啊。

“没有上进心”，是主管给新进员工贴的一个标签，这个标签太常见了。不管是新进员工还是老员工，领导只要认为下属工作不积极，就可能会给对方贴上这张标签。

乍看之下，这标签贴得好像也没什么错。但仔细想想，因为主管给员工贴了一个不上进的标签，就给“自己管理不了新员工”这件事找到了一个看似合情合理的借口：因为他们没有上进心，所以我管不了。

这是一个死循环，从“他们没有上进心”开始，到“他们没有上进心”结束。从头到尾，好像只是为了给管理者自己一个交代。

发现了吗？只要我想解释这件事，就总能找到或编出一个理由，给这件事情一个交代，似乎是有个交代就够了。可是，问题还是没有解决啊，我们仍然停留在原地，主管还是管理不了下属……

我们这么频繁地使用标签，是因为它可以帮助我们快速地处理信息，对人和事做出判断。你新认识一个人时，会去了解他是什么星座、什么血型、有什么特点，这样能更快速地建立对这个人的印象。

贴标签的好处是，它为我们处理海量信息提供了一条捷径。但是，也许因为这是条捷径，对某些人来说，它就变成了唯一的路。

有时候贴标签是很隐蔽的，以至于我们自己都没意识到。以下这些话有没有觉得很熟悉。

- 哎呀，又胖了！唉，我真是自控力差。
- 我这种人吧，就是太感性了。
- 没办法，我是个文科生，所以对数据敏感度太低了。
- 我性格比较内向，就是不擅长当众讲话。

也许你会说，不过是给自己多标注了一个符号而已，没什么大问题。但你没发现吗，我们会被这个符号牵着走。不管它“看上去”多科学，都隐藏了一个念头：“我就是这样一个人，我也没办法。”放到职场，它更像是一种借口，一种我们用来逃避责任的借口。

有时候跟员工谈话，对方会说：“我就是这样的人，不好意思催促别人，所以才导致方案一拖再拖。”“我就是这样的人，特别容易发火，不小心就得罪了客户。”言外之意就是“我改变不了，我不要改变”。

标签此时就不再是简单的一句话或一个词了，它把我们限制在原地，阻碍了我们的成长和改变。

自我设限导致我们畏缩不前。人们公开或在内心为自己的行动设下限制，而这些限制在失败时可以成为开脱的借口。在自我设限的情况下，当事人在赛跑时，可能会在心里想“我膝盖受伤了，而且累得不行”，而不是“我一定要赢得这次比赛”。

我们之所以这么做，是为了自我保护。虽然我们获得了成功的机会，但一旦失败，能找到“我脚踝痛”这种借口还是很不错的。有了它，你就可以在自己的失败旁边加个脚注，好像这次失败事出有因一样。但事实上，自我设限会成为你成功路上的障碍。

我们的人生本可以生机勃勃，即使失败也可以重新再来，越挫越勇，但因为自我设限，我们将失去很多机会。你也许因为那些所谓有力的借口而错过了自己想做的事，而到生命尽头，这些借口是不会给你带来成就感的。

◑ 职场中不要“本色出演”

你喜欢真诚的人吗？当然！因为和他们在一起时，你会很直接地知道他们的想法和感受是什么，他们在忙些什么，在盘算什么。这类纯朴的人不会隐瞒自己内心最深处的秘密。因此，同他们打交道会让我们觉得亲近、舒心、有效率。

但职场中，完全暴露自我的真诚是不可取的。我们还是会期待别人有一定程度的体面、礼节和自控，即一种属于文明社会的“伪装”。至少在面对面的职场生活中，这种“伪装”还是有必要的。

我的建议是：无论在什么时候，你都不要让自己“本色出演”。

第一，这样的行为有悖于一个事实，那就是我们并不是真的清楚自己究竟是谁，也不明白“真我”到底是什么样子，我们的内心绝非一个值得信任的罗盘，而是由一系列彼此矛盾的冲动组成的混乱集合。

既然我们自己都不懂自己，那这些“真诚”的展现又能揭示什么呢？只有在爱情以及亲密的友情之中，“真诚”才会拥有自己的一席之地。在普通的熟人，甚至在公众面前，绝对的“真诚”是不存在的。

第二，没有“伪装”的保护会让你受到攻击。“真诚”的行为就好比是放弃了自己心理层面的那层保护。这么做恰恰是在促使他人借你之手来达到自己的目的。

职场需要的是一种专业的、长久的、可信的个人形象，怀疑、失望和沮丧都将被排除在外，这些情绪是给日记本、朋友和内心预留的。

你不妨为自己立一个人设：信守自己的承诺，说出自己的想法，依照原则行事，请将自己的“真诚”局限在以上几点，因为其他方面同你的职场毫不相干。

◑ 是的，你必须学会为自己立“人设”

“人设”，指的是“人物设定”，相信大家对这个网络用语并不陌生。我觉得“人设”真的是个非常接地气、好理解又贴切的词，因此我把它引入职场个人品牌塑造这个话题中来。

那么，怎样才能打造出一个极具个人特色，从而让自己在组织当中能见度爆棚的“人设”呢？我觉得以下几个要素是必不可少的。

第一，学会使用SWOT分析法[①]**，设计具有个人特色的影响力模型。**明确自己内在的优势以及劣势，然后把视角转到外部，分析一下什么是你可以拿来利用的机会，什么又是你潜在的挑战（威胁）。

第二，积极主动地提升你的职场辨识度。千万别再狭隘地理解得失了，在大型组织中要想有超高的人气和影响力，那你就一定要绞尽脑汁去寻找可以扩大自己影响范围的机会，以帮助者而非旁观者的态度，去和跨部门的同事积极主动地建立关系。这样，你的个人知名度和影响力，才能真正得以提升。

① SWOT分析法，是基于内外部环境和自身条件的态势分析，将各种优势、劣势、机会、威胁等列举出来，分析比对，从而进行判断和决策。

第三，把握一切机会。要想在一个大的组织中提升自己的影响力，就不能太计较眼前的得失；与此同时，一定要把视线延伸到更大的领域，积极主动地去寻找可以扩大自己影响范围的机会。

比如跨部门的项目合作，不同岗位间的轮岗，担任公司的内部培训师，这些工作或岗位都是非常好的可以扩大自己影响力范围的机会。

个人品牌的核心，是你到底擅长什么，对什么有兴趣；个人品牌的基础，是你要在某项专业能力上，超过同事5倍，甚至10倍；个人品牌的关键，就是你要有意识地定期输出，不管是文章还是视频。有意识、有能力、有意愿输出专业观点和知识的人并不多，只要你开始定期输出，就能够领先大部分竞争对手。

很多人以为个人品牌无法衡量，其实标准也很简单，就是当一提到某类工作时，大家第一个想到的就是你。只要到了这个境界，机会、资源就会源源不断地来找你。

第四，"存钱"与"取钱"。一个人要想取得真正的职业成功，关键要懂得这个秘密：打造口碑和信用度，积累你的个人势能。

我们每个人从进入职场的第一天起，就相当于在"职场"这个银行里开了个户，而我们每天所做的每一件事，就是在为自己的"信用度"做着"存钱"和"取钱"的动作。

什么是存钱的动作呢？说到做到，做人有担当，有诚信；具有正确的三观；懂得与他人建立有价值、基于信任的职场关系；

绝不以损害组织和管理者的利益为前提，让自己胜出；关注长远的目标，不欺骗客户，为客户提供信息帮助他们做出正确的购买决定，等等。

那什么是取钱的动作呢？只关注自己的利益而不惜牺牲合作伙伴的利益；有了成绩就上，捅了娄子就让下属承担责任；说话没诚信，和客户合作只求自己单赢，而不顾对方的利益，等等。

所谓良好的信用度，就是平时多做“存钱”的动作，少做“取钱”的动作，这样你才能在职场中树立起正面、良性的口碑，大家才愿意相信你、追随你、帮助你，给你机会和资源，支持你发展。但如果你老是做“取钱”的动作，那么一旦这张“信用卡”刷爆了，今后就很难有成功的可能了——因为职场太小了，转来转去到处都是认识的人，你的所作所为不仅瞒不住别人，更瞒不住自己。

◑ 主动出击，克服与管理者聊天的障碍

我曾经无数次地听过职场小伙伴这样吐槽：其实我也知道和管理者建立和谐关系、让他给予我支持和信任的重要性，但我就是不懂怎么迈出第一步，不敢迈出第一步，我总觉得管理者都是高高在上的，管理者一天也很忙，如果我贸然接近他，主动去找他聊天、沟通，这样真的好吗？

你要是问我，那我一定会大声地告诉你：好！很好！非常

好！因为以我的理解，和管理者建立关系，让他成为你的合作伙伴，首先需要做的就是建立起正确的思维方式：和管理者建立关系，绝对不是管理者的责任，你才是另一责任人，你应该迈出第一步，因为向上管理是下属的一项自主、自发、有意识的行为，你一定要主动出击，否则和管理者建立关系，只能是一句空谈。

道理谁都懂，但为什么大部分人做不到呢？究其原因，我觉得主要有以下“三座大山”。

第一，心理上存在障碍。总在纠结下属主动去接近管理者、和管理者沟通是否恰当，管理者会不会反感这种主动接近自己的下属。

第二，不知道该聊什么，以及如何去和管理者进行一场愉快的对话。比如总在犹豫应该等管理者找自己呢，还是自己去找他呢？在什么场合，以及以什么形式来开始聊天？应该和管理者聊点什么？

第三，搞不懂聊天要达到什么目的。是因为工作中出了问题才应该去找管理者，还是纯粹为了联络感情去找管理者？如果是后者，会不会让管理者觉得自己的功利心太强了，这要是产生反效果，该怎么办呢？

我在分公司工作的时候，有一次在门店巡查，见到一个刚入职的员工嘉伟，很自然地走过来和我打招呼，我随意地问：“怎么样，喜欢这个团队吗，工作还顺利吗？”

这个小伙子跟我说：“我觉得挺好的，很喜欢团队氛围，工作挺开心的。不过，我觉得产品培训可以更有针对性一些。”

他一说这话就激起了我的兴趣，于是问他：“哦，你具体说说吧。”

他说：“现在的产品培训更多是知识性的培训，如产品基本要素、特性等，对于我们这些新人来说，完全没有营销经验，只知道这些远远不够，面对客户的时候还是不知道该怎么切入，客户有异议的时候也不知道该怎么处理。最好能够把产品知识的培训和营销技能、模拟演练结合起来，这样学完马上就可以运用了。”

那天我们聊了大半个小时，毫不夸张地说，最后我真的有点意犹未尽。

首先，这个新员工的态度轻松大方，完全不紧张，和我的很多下属完全相反。有的时候，我找到下属谈话，那些人的表情紧张得不行，甚至浑身发抖，额头出汗。其实看到他们紧张，我也会不舒服。但是这个小伙子不会，那天的聊天，让我感觉非常轻松愉快。

其次，他通过自己真诚、具体的描述，让我对他的个人素养留下了非常深刻的印象，他有敏锐的洞察力以及很强的自我学习能力。从那以后，我就记住了他的名字。

再次听到他的名字，已经是一年后了，因为产品研发的需要，我们急需补充优秀的产品经理，这个小伙子就是候选人之一，他的直属上司指出他的优势时，立刻引起了我的共鸣，那些优势，恰恰是那天跟我沟通的时候，他给我留下的印象。最终，他当然获得了这个岗位。

故事讲到这里，关于如何克服阻碍与管理者聊天的“三座大山”，我想送给你4个小技巧，让你在与管理者聊天时，能更进一步聊到管理者的心坎里。

第一，与管理者建立关系是你的责任，你一定要迈出第一步。回到刚才那个例子，如果这个小伙子在一年前没有跟我聊过天，没有主动和我建立关系，那后来晋升时我也不会对他的优势有共鸣，他未必能顺利晋升。

第二，做好充分的准备。记住，没有人想听你聊对他没有价值的东西，或者是他不关心的话题。什么叫价值？可以帮他解决问题，可以让他了解他原本不知道的信息，哪怕可以满足他的兴趣也行。所以，千万不要去聊你想讲的，而要去聊对方想听的。

第三，真诚。其实“利用”，在职场不是一个负面的词，很多人一听说要“利用”自己的管理者，就会很害怕，总以为这样一来管理者就会感觉到自己别有居心，就一定会对自己有不好的印象。所谓的“利用”，就是你能始终把管理者和公司的利益放在第一位，把“利用”的目的设定为帮助管理者和团队进步，那就不会给管理者留下不好的印象！

第四，不卑不亢，充满自信。回到刚才那个例子，那个小伙子之所以让我印象深刻，就是他这种不卑不亢的感觉，让我觉得他是一个有自信心、可以做大事的人。因为从我的视野来看，一个好的领导者、有潜质的领导者，最需要考验他的不是做事的能力，而是那种与生俱来的特质，其中就包括不卑不亢，懂得和所有人自信地相处。

处理好与管理者的关系，最终要达到的目的是什么？这就像一块试金石，有的人内心深处的小心思在一开始就暴露出来了，比如，通过与管理者处好关系让管理者给自己升职加薪；让管理者接受自己的建议，信任自己……

这些想法有没有问题？有，但也没有，关键要看你有没有漏掉一个前提：你得到什么、你怎么想并不重要，重要的是，你的管理者能得到什么，说得更透彻一点，你和管理者作为一个整体，你们能一起得到什么。向上管理这套理论中，有一个很核心的思维方式叫“三赢”：管理者赢，组织赢，而最终你才能赢。

这听起来似乎很美，但是不一定能实现。在工作当中，就经常会碰到自己和管理者的想法有冲突的情况，这个时候该怎么办呢？是不是因为我是下属，就必须委曲求全，放弃自我，成全管理者呢？还是说我要据理力争，不向管理者妥协？

这两种想法都不对。正确的思维方式应该是这样的，分为以下3步。

第一步，当矛盾和冲突产生时，首先让我们把所有表面性的东西都抛在脑后，忘记形式化的东西，放空大脑，你只要问自己两个最简单的问题：在管理者的心目当中，这是一件什么事？在这件事情上，管理者的终极诉求是什么？换句话说，你必须先站在管理者的角度来看待整个事件，在没有搞清楚他的想法、观点和诉求之前，不要过分强调自己的意见、观点。

第二步，在搞清楚上述问题之后，再问自己一个问题：我要用什么样的方案，去解决和满足管理者的诉求。不只是要搞懂管理者怎么想，还要主动帮助管理者制订出整套解决方案，帮助管理者和组织获得成功。

第三步，我的诉求是什么？如何在满足管理者和组织利益的同时，也能够让自己成功？这个时候可以想想自己了，如何在保障管理者利益的同时，我的利益也能够得到体现？千万记住，在和管理者合作共事的时候，多想想“我们”，而非“我”；多考虑怎样才能把我的利益和管理者的利益合二为一，这才是和管理者处好关系的关键。

◑ 上司是你真正的同盟

与上司相处不好，会成为你职场最大的障碍之一。贯彻专业精神，舍弃好恶，把直属上司变成自己的同盟，是职场中极为重要的一点。

不把上司结为自己的同盟，不可能顺利推进工作。况且，上司掌握着你的人事评价权，是离你最近的管理者。

工作中，应该丢弃好恶的情绪。这一点儿也不难，把上司当作客户即可。任何人，对于顾客都可以超越好恶，规规矩矩地应对，这就是专业精神。对于上司，以同样的态度相处即可。

换个说法，也可以说职场是一场角色扮演。公司，说到底就是工作的场所。总监扮演总监的角色，主管扮演主管的角色。本来，这里就没有必要交换喜好与厌恶的感情。即便上司令人讨厌，你只需扮演好自己的角色即可。可以说，所谓贯彻专业精神，就是舍弃好恶。

无论什么样的上司，都有一定的强项，应该最大限度地发挥它。

时不时听到有人发牢骚说“我们的上司实在差劲，完全派不上用场”，事实果真如此吗？我认为，再怎么差劲的上司，身上都有可以利用的强项。

我以前的公司，有一位风评极差的上司：不遵守截止日期，文件中漏洞连篇，毫不负责地把工作一股脑扔给下属。下属们都说他“没有一点优点”。

其实，这个人身上也有强项，他在公司外部比较受欢迎，人缘很好。

这一点又成了不受下属待见的理由。他完全不顾自己部门的情况，在公司外部总是和颜悦色，不管是否忙得过来，都会把任务揽过来。不仅给员工增加了工作量，还因为“在外面当好人”招致员工的反感。

当然，这些抱怨改变不了任何问题。所以，我决定要积极“利用”这个上司的强项。请他把自己的人脉介绍给我自不必说，与难以攻克的客户面谈时，也大胆邀请他一起出席。有上司一起出面，对方的态度会明显变好，然后就可以趁此缩短距离。在他的帮助下，谈成了好几个销售订单，而且，近距离学习了与对方打成一片的诀窍。

不要去设想没有缺点的上司——这是与上司打交道的大前提。

只要用对方法，无论什么样的上司都能成为自己的“同盟”。

◐ 如何让梦想照进现实

拥有使命就是在事业上拥有一个重心。使命比具体的工作更为笼统，但它回答了下面这个问题：我的人生应当怎样度过？使命是强大的，因为它使你将精力都集中到某个目标之上。

如果人们能够真正感受到自己事业的重要性，那么他们会对自己的职业生涯感到更加满足，而且更能承受住辛苦工作所带来的压力。

拥有使命使我们可以从容地面对“困难”，困难会吓跑空想家和胆小鬼，但会留给勇敢者更多的机会。我们愿意花时间谨慎地找到一条最佳的前进道路，然后自信地采取行动。

我们经常会听到各种各样的说法。

● 我很想做广告设计，但是这个领域的牛人太多了，好难呀；

● 我无法决定到底是做理论研究还是更加实用的工作，也不知道哪种工作更有意义。更令人害怕的是，我觉得其他的研究者都是天才；

● 想要成为大数据专家，但是太多事情分散我的注意力了，很难专注。

……

假如改变人生的使命只需空想和一个乐观的态度就能做到，那么改变世界会成为一件稀松平常的事情。然而，它并不稀松平常。

你必须历经无数的尝试和努力，才能有所突破。这是一个艰难的过程，其艰难程度正是我们大多数人在工作中试图逃避的。

大多数热爱自己的工作的人，都是通过先积累实力，然后将其兑现为成就大事的特质，从而达到他们现在所处的位置。

想要拥有使命，你首先需要积累核心能力。假如跳过了这一步，那么你的结局可能会满腔热情，却无用武之地。

要想找到职业幸福感，需要的不是什么完美的工作，而是以一个更好的方式来对待现有的工作。不要再幻想着突然有一天就找到了职业上的幸福感，而是以一种更加清醒的方式来让我们获得满足。

感觉紧张、有压力是件好事。不要再将这种不适感视为某种需要逃避的感觉，而是开始像健美运动员对待肌肉灼烧感那样，明白它的作用，这种感觉说明你所做的是对的。

第十章　成长：让你的奋斗，对得起你的野心

很多人都会把目光锁定在某个职级的提升上，但真正实现目标的机会却很渺茫。他们对晋升目标过于执着，从而对现在的工作和环境越发厌倦。他们没有把足够的注意力放在眼前的工作上，一心向往着别处，一边吵嚷着要升职，一边抱怨怀才不遇。

◑ 关注成长而非晋升

我们都知道，职场的晋升有着很大的不确定性。需要天时、地利、人和，一个都不能少。你能不能晋升，跟你的能力强弱没有必然的关系，一切都不是你能控制的。

如果一开始，我们就一心想着晋升，哪有风吹草动，你都会心神不安，心存疑虑，时间久了就会很痛苦，很有可能会消磨掉你的意志。

最务实的做法是：把手中的工作做好，拿出优秀的表现，在每天的工作中证明自己不可取代，让自己成为一个上司在机遇出现时觉得必须将之交付于你的人。如果你不断地创造价值，那么

公司必定会对你有更为长远的安排。

事情做过之后，你一定能够得到的回馈就是成长，在做事的过程中，你获得了经验，取得了教训，也就获得了能力拓展和个人成长。

相比晋升的不可控，成长是我们自己能够控制的，你的时间花在哪里，哪里就能开花结果。你的成长，就是最好的结果回馈。

小奕是部门的老员工，缺乏创新思维，工作表现一般。因为是老员工，眼看着比自己入职晚的新人一个个都提升了，小奕难免会有各种怨言和负面情绪，觉得自己怀才不遇。

有一次被主管听到了，主管专门问他："你觉得自己有什么才华呢？"

小奕说："我熟悉公司的流程呀。"

主管没好气地说："待了6年，不熟悉才怪呢。熟悉流程，不代表价值创造。你看看，上个月专门给了一个大项目让你做，负责下半年的营销策划，你倒好，直接把去年的方案原封不动拿过来，改头换面弄个新标题，这就是你的才华吗？"

所以，别总抱怨管理者不给身为老员工的你升职，真实的情形是，不是管理者炒掉了你，而是你炒掉了自己。

你若真有野心，你该去想如何将自己打造成一名卓越的管理者；抓住一切机会学习，让自己出类拔萃，成为公司的中流砥柱；用心发掘每一个潜在的商机，时刻准备撸起袖子大干一场。

◑ 成长不是自然而然的事，需要慎重选择

我们总以为成长就像查尔斯·舒尔茨的漫画《花生》中的查理·布朗一样，“我觉得我发现了生活的秘密——你只需要漫无目的地顺应生活”。问题是仅仅漫无目的地生活，不会让我们有所进步，我们必须目标明确地去规划自己的生活。

没有一个人的进步是偶然的，个人成长不是自然而然实现的。一旦你接受完正规教育，你的个人成长就完全由你自己掌控了，因为没有人会替你成长。就像法国作家蒙田所说：“对于那些没有目标港口的船只来说，没有风会助力它们的航行。”如果你想改善你的生活，你就必须提升自己。

人们喜欢按照既定的轨道生活。他们总是倾向于选择一条对于他们来说容易的轨道，而且从来不去想脱离这条轨道，即使这条轨道的方向是错误的。他们只是沿着这条轨道生活，开启“自动驾驶”模式，从来不去思考自己的人生方向是否正确。如果学到了一些东西，那也只是偶然学到的。如果你也持这种人生态度的话，你必须要警醒了。

怎样判断你已经步入了一条既定的轨道了呢？看一下偶然的成长和有意识的成长的区别（表10-1）。

表10-1　偶然的成长和有意识的成长的区别

偶然的成长	有意识的成长
等待成长自己找上门来	对自己的成长负责任
只会从错误中学习教训	经常在犯错误前就学到教训
依靠好运气	坚持长久并且很努力
有很多坏习惯	努力培养好习惯
保守，害怕犯错误	勇于冒险
把自己当成受害者	把自己当成学生
依靠自己的天赋	依靠自己的性格
毕业之后就不再学习	从不停止学习

想一下你现在是什么状态，再想一下你想变成什么样子：更富、更瘦、更幸福？如果你想从你现在的状态变成你想变成的样子，你首先要搞清楚哪些选择会让你偏离自己的目标。从今天开始，你必须慎重地做出每一个决定，只有这样你才能对前进的方向做出明智的选择。

你现在的选择会让你变成什么样子？花一点时间认真想一下：你现在正在朝着一个什么样的目标努力。如果这不是你所希望的目标，那就写出要实现你真正希望达到的目标，你需要采取什么步骤。

成功的人总是自己去寻找成功的有利条件，如果找不到，他们会自己创造这些条件，一点一滴地积累，逐步接近自己的目标。

◑ 有意识积累，造就“万能达人”

大概我们身边都有这样的同事：他似乎什么都懂，不管你聊什么话题，他都能加入聊天并且侃侃而谈；他似乎什么都会，不管是遇到了什么问题，他都能快速想到解决方法；他似乎什么都学过，不管是面对什么任务，他都或多或少有过类似的经历。

每个人的一天都是24小时，大家都是相似的年纪，为什么有的人就能掌握这么多的知识和技能，而自己却不能呢？

实际上，造成这种个体差异的并不是每个人的天赋有多大差别。如果你也想要成为这种职场上的“万能达人”，可以在日常生活中进行“有意识积累”。

“有意识积累”是说，如果我们对自己的能力培养有一个明确的目标清单，那么在经历各种各样的事情时，就能不由自主地择取其中有价值的部分，你的注意力会更加集中于这些有价值的部分，并且逐渐强化到对应的目标上。

每个人都会对大量的事情感兴趣，但为什么有些人就能够把这些兴趣发展成特长呢？这就是“有意识积累”的神奇之处了。所谓“有意识积累”学习策略，简单来说，就是五个字——做个有心人。

这种学习策略的最大好处是低成本。你不需要专门拜师学艺，也不用花钱去报考什么辅导班，而是把学习过程放在日常生活中。所以，“有意识积累”是最好的学习策略。

举个例子，如果你想当一个出色的服装搭配师，那么每次在看到别人的着装时，就会比其他人更加留意服装配色和布料材质，这样一来，每一次的观察都像是进行了一个小培训。你在服装搭配方面就能够领先于大部分人。

我对酒店的软装设计很感兴趣，所以每次住酒店的时候，都会特别关注酒店的空间布局和装饰细节。别人在看旅游攻略的时候，可能更关注的是景点和行程安排，我就会很关注酒店的设计细节，不同酒店的风格区分，久而久之，也积累了不少经验和心得。

当然了，这种“有意识积累”的行为不是人类的自发本能，所以你得花一番心思才能走上正确轨道。这里面的心理学基础理论就先不提了，直接奔着实用去就好。想要完成“有意识积累”，你必须先弄清楚一件事——兴趣爱好不等于特长。

什么是特长呢？我们在投递简历的时候，往往会附上自己的兴趣爱好和特长。但是“兴趣爱好”和“特长”其实不是一回事。兴趣爱好就是喜欢做的一些事情，而特长则是你相对他人更擅长的一些技能。有些爱好不太可能成为特长，有些特长似乎也很难让人感兴趣。

当然了，抛去一些极端的例子不说，绝大部分的特长都是可以成为兴趣的，而且这些特长的形成往往也始于兴趣。伴随着有意识的日常积累，你所追求的目标会越来越清晰，也能够不断发现自己还缺少什么，在日后可以继续有针对性地积累下去。

如此良性循环，想要没特长也难啊！

◑ 如果可能的话，问一问未来的自己

在日复一日的生活中，我们倾向于关注眼前琐事而变得目光短浅。比如，什么工作薪水最高？我的职位是什么？我的项目建议书获得好评了吗？

我们的思维被生活的细枝末节所占据。比如，早饭吃什么？我赶得上晚上6点的动感单车课吗？家里谁负责浇花？几点接孩子放学？除了我，没人能把碟子放进洗碗机吗……

就这样，我们把一天的大好时光都浪费在回答这些鸡毛蒜皮的恼人问题上。很快，一天、一周，甚至一年过去了，时光就这样流逝。这就是你的人生。

所以，你千万不要把时间浪费在一堆小问题上，一定要向自己提出更大的问题，因为正是这些大问题的答案将引领你创造更辉煌的人生。

我们要问一问未来的你，什么是你真正的激情所在？什么对你最重要？

想象在一个美好灿烂的日子，你向一条河走去。你来到河岸，登上一艘船。想想看，这艘船长什么样？专注于这艘船的细节，

不要在意其他杂乱的思绪。

这艘船开始向下游行驶，沿途你看见了你目前的生活，你常去的地方、你的工作、你的房子、你在乎的一切，还有你的目标。

渐渐地，你意识到这是一条时间之河。你已经驶过了一年，这一年里令你最快乐的事情是什么？职务晋升吗？拥有新恋情吗？接下来你驶过未来5年，到那时，你的关注点何在？你想看到什么？你的房贷还清了吗？你结婚了吗？你找到自己的信仰了吗？你的身体更健康了吗？你还记得你当年的职位、工资或晋升吗？

接下来你驶过未来10年、15年、20年，到那时，什么对你来说最重要？很快，30年、50年、70年过去了，这艘船终于停靠码头。

你下了船，沿着码头走，来到一栋漂亮的房子前。想想看，你身处城市还是乡村？周围是喧嚣的还是宁静的？门敞开着，你走进房子里。也许这是一栋身处霓虹闹市的住宅楼，也许这是一间乡下的小木屋、小平房，你甚至能闻到青草和树木的味道。你来到了一个非常个性化的地方，一个专门为你打造的地方。

房子里面，有个人在向你打招呼，你认出了她的眼睛，她就是你，年老、充满智慧的你。你坐在未来的你对面，这时你想问她什么问题？

什么对你最重要？

如果你能回到过去，你会做出哪些人生选择？

你想让现在的我知道哪些人生真理？

现在的我应该用什么衡量成功？用存款上的数字吗？用职位、头衔吗？

还是用拥抱、亲吻、欢笑？抑或是用友谊、你所在的团队？我的影响力将是什么？我最伟大的成就会是什么？

在你的想象中，未来的你会怎样作答？

每当琐碎的现实令我心烦意乱时，我就会问未来的自己："你在乎这些事吗？"事实上，未来的我在乎的事情很少：家庭、爱、友谊和影响力。

既然未来的我并不担心某个短期状况，那么现在的我为什么要担心？当未来的我带着满满的爱回顾往昔时，这些琐碎的烦恼就会全都不见了。

当你烦恼受挫时，想象一下未来的你会怎么做，问一问未来的你，什么最重要。

不停顿，不辩解，内心充满激情，坚定地追逐一个清晰的目标，这便是成功之路。

◑ 不要总是做自己擅长的事情

长期处于舒适区的人面临的最大问题是没有成长，并且在环境变化时，会变得非常脆弱。人只有真正走出去，不断地尝试新事物才会进步，个人的整体能力才会提高。

舒适区是非常危险的地方。在这里你可以表现良好，管理者可能会对你的表现感到高兴。但是你的职业生涯不仅需要眼前的表现良好，也需要持续的发展与成长。待在自己的舒适区时，你并没有强迫自己去学习、成长或发展。为了今天的表现，你牺牲了未来的发展。

你必须不断挑战自己的极限，学习新的技能和做事方法。

- 清楚地知道你想要实现什么目标。你的目标是拓展自己、持续成长，还是生活在舒适区。
- 从简单的事情开始，并不断取得进步。如果你需要学习公开演讲，从简单的演讲开始，或许你可以向一个由3位同事组成的团队做一个3分钟的演讲，然后慢慢地拓展演讲时长和听众规模，最终可以在大型会议上做主题演讲。
- 从经验中不断学习，无论好坏。
- 获得他人的帮助和支持。所有顶级的选手都能从教练、培训师或导师那里得到帮助，使学习变得从容、有条理且高效。

如果你想在长达几十年的马拉松式的职业生涯中蓬勃发展，哪怕只是为了生存下去，你都必须不断地学习与成长，因为你现在拥有的技能的保质期有限。

想想看，要看出自己慢慢变老比较困难，但要看出一个久未见面的朋友变老了就要容易一些，这是因为人们难以看到面前缓慢的变化。现在，把这点搬到职场中来。如果你一心只放在自己精通的领域，就会难以注意到外部事物的变化速度有多快。

遗憾的是，当停滞不前是逐渐发生的时候，变化会相当细微，令人难以觉察；等发现时，你已经在下坡路上走了很远。就像温水煮青蛙一样，察觉到危机的时候已经太迟了。

我们常说：既要低头赶路，又要抬头看天，有时人们一门心思全放在自己的工作职责上，忽视了环顾四周，没有注意到现在正在发生什么变化，或者很快会发生什么变化。尽管这些变化现在看上去不一定那么重要，但它们可能很快会就与你的未来发展紧密相关。

不要只做你以前做过的事情，而是尝试做你以前没做过，但是应该做的事。你就会不断成长，扩展自己的潜力。如果你不敢尝试，那么你的成长将会停止。

人们会花更多的时间，试图像以前一样取得同样的结果。但在情况发生改变后，再继续采用以前的方式的话，理想的结果便不会再出现。曾经给你带来回报的方法不再行得通，或者不再被认可。

人们难以适应新环境的原因，在于他们不愿突破舒适区，总是依赖已经被证实的事情。他们从不强迫自己前进，不去丰富体验，探索灵感来源。从我的经验来看，突破舒适区的第一个要点就是承认自己处于舒适区，这并非易事。惯性对人的影响很大。针对想要突破安于现状的惯性，应该常常思考以下几个问题：

- 在面对挑战时，你是否总是依赖自己的一技之长？你是否总是使用相同或相似的方式解决问题？你是否了解其他关键人物的职责，并从他们的角度看待商业问题？
- 在整个职业生涯中，你是只做一种类型的工作，就任相似的岗位，还是通过横向调动，拓宽了自己的全局视野？
- 如果某项任务将你置于你所擅长的专业以外的领域，你会拒不接受或者不主动要求接受任务吗？
- 你是否存在明显的技能缺失，导致无法真正理解公司各个板块是如何相互配合的？如果是，你的管理者要求你通过学习哪些技能来扩展视野？
- 你是否收到过反馈，说你过于注重细节，导致目光短浅，并且要求你着眼全局，关注公司所在行业的市场动态以及关键竞争对手的动向？

◑ 成长是自己的事，不能总期待别人培养你

只有你能够提升自己的能力，你应该建立“事事靠自己”的态度。如果说有人非常想要帮助你实现进步，有人非常希望你能够获得成功、希望你一切都好，那个人一定是你自己。

很多管理者在培养管理能力与领导力方面不尽如人意。如果

在你的职业生涯中，你遇到一位真正在意你职业发展的管理者，愿意花时间一起为你制订发展规划，那么你很幸运。大多数管理者只顾自己的问题，没有时间关心下属的个人问题。

麦肯锡公司针对77家美国大型企业进行了一次调查，就公司的人才发展策略采访了6000多名高管。其中，仅有3%的受访者表示公司拥有高效的员工发展策略！尽管73%的企业表示绩效反馈与职业培训对个人发展至关重要，但是，仅有30%的受访者认为所在企业在业绩反馈和员工培训方面做得很棒或不错。

在招聘面试的时候，时常听到应聘者说，在原来的公司没有成长了，原来的领导不能给予自己指引，要换个环境。

通常，对于这类人，我们第一时间就会拒绝。为什么呢？这类人的思维模式有很大的问题，他们需要领导一直像太阳一样给他们照亮前路，指引方向，却唯独忘了自己应该肩负的责任。

我们希望团队里的人能一起创造，即便你的领导是一个平庸的人，你也能够自我激励，有自我成长的能力。

真正的高手，不但能自己成长，而且能带动别人成长。

任何一个人的成长，都是他们自己在实践中获得的。成长，不能靠被动地等待和别人的安排，而是要主动地争取，勇敢地承担，积极地行动。

每一个刚走上工作岗位的年轻人，都是这个样子，一切的业务、流程都是陌生的，压力很大。看别人怎么做，向同事请教，更多的事情是需要自己利用下班后、周末和节假日的时间来进行钻研的。没有谁可以不费力气就可以一下子变成“老手”的。

何欣是一名医生，在刚刚毕业走进乡村卫生院的时候，心里的惶惑，早已被一双眼睛出卖得干干净净。先是跟着老师学，下班大家回家之后，他就骑上自行车“吱吱呀呀”地跑十多里地义务给孤寡老人把脉看病。

有时候碰上下雨，道路泥泞，他就步行出诊。晚上，他会把当天病人的症状一一详细做好笔记，第二天好观察用药。十多年下来，方圆二三十里的人都知道了他的名字。

十多年前，单位有了一个可以进修学习的机会。授课的是陕西省医学界很有名望的专家，他有幸去参加。

其他人都是中规中矩地上课，而他呢，每次上课前，都会提前半个小时到教室，去教授那里帮着拿教学设备和教具。上课就端坐在前排，笔记做得细致清晰，下课的时候他一定帮教授收拾好东西，送回到教授办公室，并借机询问没有听清楚的细节问题。

一直持续了半年多，教授也没有对此表示过特别在意。只是，每当他跟在教授后面查病房，记录教授的医嘱和用药变化的时候，教授会很留意地多看他几眼。

那年年底要放春节假的时候，培训班里很多人早已请假回家，他是坚持上课的几个人之一。那天下课后，教授叫住了他。

“春节假期你少休几天，大年初六来吧，跟着我值班。”

每查过一个病人，教授会让他谈谈自己的看法，然后告诉他中西医对于同种病症的诊断和用药剂量的细微变化……

一年的学习下来，跟教授朝夕相处，何欣已经在中医脑血管病研究方面取得了长足进步。后来，他被评为某市“最美乡村医生”。

成长是你自己的事情，想要成长，就自己多用心，与他人无关。可以毫不客气地说，甚至都没有人愿意把同样一个问题耐着性子跟你讲第二遍。

从来没有哪个单位或者哪个人愿意提供给你充足的时间，让你从容地发展自己、提升自己。那些最终能取得成长的人，他们的时间都是在八小时之外挤出来的。

所谓成长，就是逼着你一个人踉踉跄跄的受伤，跌跌撞撞的坚强，这是个让你学会妥协的过程，这也是一个让你一次次否定自己又认知自己的过程，更是一次自我突破的过程。

这个过程就像羽化成蝶，在羽化的过程中，经历着自己内心的挣扎和折磨，没有外界的帮助，只有靠自己不断地磨砺那双稚嫩的翅膀。成长从来都是自己的事情，外界虽然可以迅速地帮助你摆脱当前的困境，但是却不能帮你拥有一双有力的翅膀。

成长是你自己的事情，你自己不想成长，没人会受损失。成长要学会向内求，要持续去做自己认为值得做的事和应该做的事，而不是没有人给你鼓掌你就不做，把选择权和主动权交给别人。

世界上如果真的有所谓的幸运，那应该是机会碰巧撞到了你的努力吧！

◑ 读了那么多书，为什么还是没有形成知识体系

我们身边有不少人，读书不少，知识也不少，聊起天来唾液横飞仿佛没有他不知道的事情。但你只要说：你懂这么多，干脆帮我们开一节课吧。这时候，对方往往就会很尴尬地支支吾吾，顾左右而言他了。

为什么看起来知道那么多，真正系统去讲解的时候，又无法形成自己的知识架构呢？很多人的知识获取还停留在疯狂“输入”阶段，没有真正“输出”，或者“输出”太少。

美国教育心理学家爱德加·戴尔在1946年提出了学习金字塔理论，它用数字形象地显示了：采用不同的学习方式，学习者在两周以后还能记住内容（平均学习保持率）的多少。

学习的过程其实就是处理信息的过程，步骤是“输入—处理—输出”。在我们这个“有价值的学习资料”堆起来能修一座长城的年代，只要愿意，往大脑里输入内容简直跟吃个包子一样简单。无论是阅读文章还是书籍，听音频还是上网课，本质上都是在输入内容。

我们为什么不愿意输出呢？因为输入比输出更简单、消费内容比生产内容更轻松啊！可惜，越是轻松的事情越没什么学习效果。

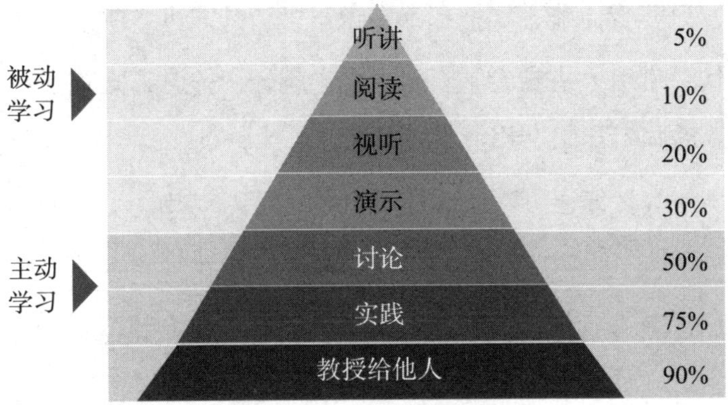

图10-1　学习金字塔理论

我发现，如果只是把看到的内容一股脑全塞进大脑里，不加以归纳和整合，那信息与信息之间永远是零星碎片，而不是一张紧密联结的知识网。所以，尽管看的书不算少，但还是会觉得一知半解，并且无法真正地将其应用到实际中。

那种为了学习而学习，为读书而读书，无论是被动接收的信息，还是对不加筛选的知识全盘接纳的人，其实都是知识世界的"穷忙族"，看似努力地做了很多事情，但是几乎没有多少收益长进。

要想改变这种现状，只有逼着自己"输出"。因为只有在输出时，大脑才会调动一切资源处理接收到的信息，从"浅度理解"变成"深度加工"。而且，大脑越是在一件事情上下功夫，对这件事的印象越深刻，掌握程度也越好。

很多年前就流行一个说法，判断一个人是否真的弄懂一个知识点，只要看他能不能把那个知识点讲清楚即可。所以，那些学生时代经常给人讲题的学霸只会越学越好，一遇到问题就着急去问学霸的同学却怎么都考不好模拟考。

下一次，你也可以试试看，能不能把某个知识点讲清楚。

◐ 为什么你总是允许自己做“业余选手”

我们都见过有一些明明某一方面很优秀的人，却常常为自己找各种借口，拒绝改变。

我们单位有个领导，明明能力挺强的，但每次公开讲话都让人挺无语的。每次都只是在念别人写的稿子，在大屏幕上播放几张幻灯片，很少看下面的人有没有在认真听，从头到尾都不会换音调，也不会插入一些即兴发言来给听众们提神。

有一次，在一个领导力项目中，一个教练给他提了个建议，希望他能提升一下自己的演讲水平。他的回答是：“哎呀，我不是专业的演讲家，所以不擅长这个。”

他这是在告诉别人，演讲不是他这个管理者的真正工作，他把这项任务和他的其他工作区隔开了。作为一个管理者，他认为自己还是很专业的。作为一名演讲者，他给自己的定位就是业余选手，差不多就行了（坦率地说，他连这个水平也没达到）。他在这方面给自己的规划就是：平庸即可。

我们都会这样做，把自己擅长的和不擅长的事情区隔开，把我们的优点当成真实的自己。那些弱点是意外情况，它们属于某个陌生人。就这样，我们授予自己“业余选手”的称号，给自己弄到一张“差不多”执照。

我们做某些事时很专业，但是在成为理想的自己这方面却又很业余。我们需要消除这种扭曲的观念，或者起码要缩小专业和业余之间的差距，成为理想的自己。

在某一方面做得好，并不能成为另一方面做得差的借口。

◑ 职场只看结果，别用过程感动自己

很多职场新人加班好几天，最后的成果却未能让领导满意，觉得很委屈，其实这是因为没搞清楚管理者真正想要的是什么。加班和出成果，从来都是两码事。把苦劳等同于功劳，是职场人最大的错觉。

与其把时间浪费在抱怨卖惨上，不如静下心来好好学习，提升自己的能力。毕竟职场是你离开父母，离开安逸的环境，去实现自我，去见识更多，去学习更多的场所。不要还没怎么努力，就准备放弃，一直自怨自艾，想把困难和失败归结于客观因素。

任何一种生活，都充满了艰难和取舍。成年人的标志之一，就是能为自己做出的选择付出相应的代价。真正厉害的人，都是默默努力，不屑于用卖惨来获得他人的同情，而是用能力用成绩来获得别人的赞赏。有些人工作没完成，却整天到处抱怨：“我

都这么努力了！”

成年人的世界里，遇到困难、痛苦、误解都是再正常不过的事情。一生中注定会有艰难的时光，只能靠自己撑过去，比起到处卖惨，不如把“惨”咽进肚子，积攒能量，好好努力。因为卖惨，只会让你显得更惨，而努力，却能让你活得体面。

成熟的职场人，只用结果说话。无效的加班，不仅不能带来收益，还会产生恶性循环，最终沦为“穷忙族”。把精力和时间投入与目标高相关的工作上，分清楚任务的优先级，不在对完成目标帮助不大的工作上花费大量精力。

用关键结果衡量工作绩效，比如销售的成交额，编辑的阅读量。但与完成目标相关的工作，往往有一定难度。喜欢舒适区的天性，会驱使我们用简单的工作，把时间填满，重要的工作拖到不能再拖，才会着手去做，陷入“逃避式忙碌”。其实，最重要的工作，真没那么多，别在“瞎忙”里找虚无的成就感。

“长期拼命加班”就是用勤奋来掩盖效率低下的表现，以为能靠蛮力来弥补思维上的惰性，其结果就是折腾出一堆粗略无用的解决方案。一直拼命加班，哪还有时间思考和实践？不仅毁了身体，真正重要的东西——思维和认知方式也无法升级和迭代。

没有成果的努力，只能说是机械性的劳动。职场人的世界，不问过程，只看结果。

◑ 从今天开始，为梦想而努力

几年之前，我读到了一首叫作《成就梦想》[①]的诗，诗中充满了鼓励的语言，也告诉我们想实现自己的理想要付出什么代价。诗中写道：

如果有机会去冒险
去改变
去做值得做的事
那你现在就有最好的机会
当然不是为了任何伟大的事业
而是为了你内心真正想做的事情
你有强大动力要去做的事情
你梦想着要去做的事情
你有义务让你的生活有意义
快乐地生活
挖掘自己内心深处的想法
全力以赴

① 转引自［美］约翰·麦克斯维尔：《成为一个更高效的人》，刘智伟、吉菁译，金城出版社2018年版。

成就梦想

要知道要做有意义的事情是很困难的

会有顺境

也会有逆境

你有时候会想退缩

当你退缩的时候

你要提醒自己

你不能惧怕

在失败和挫折的尝试中

学会成长

要想实现自己的梦想，做自己想做的事必须付出代价——你必须努力工作，你必须不断地学习、成长、改变。你准备好了吗？

图书在版编目（CIP）数据

逆袭：职场人的高效成长法则 / 凌云著 . —北京：
中国法制出版社，2022.11

ISBN 978-7-5216-2780-0

I. ①逆…　II . ①凌…　III. ①职业选择—通俗读物
IV . ①C913.2-49

中国版本图书馆CIP数据核字（2022）第126700号

策划编辑/责任编辑：马春芳　　封面设计：汪要军

逆袭：职场人的高效成长法则

NIXI: ZHICHANGREN DE GAOXIAO CHENGZHANG FAZE

著者/凌云

经销/新华书店

印刷/三河市紫恒印装有限公司

开本/880毫米×1230毫米　32开　　印张/8.5　字数/161千

版次/2022年11月第1版　　2022年11月第1次印刷

中国法制出版社出版

书号 ISBN 978-7-5216-2780-0　　定价：49.80元

北京市西城区西便门西里甲16号西便门办公区

邮政编码：100053　　传真：010-63141600

网址：http://www.zgfzs.com　　**编辑部电话：010-63141822**

市场营销部电话：010-63141612　　**印务部电话：010-63141606**